DENNA BOK TILLHÖR

_____

_____

DITT HÄXNAMN

_____

_____

INNEHÅLL

HÄXANS KUNSKAP

© KARIN DAHLQVIST

© ILLIUSTRATIONER: PIXABAY, CANVA

GRAFISK FORM OCH ILLUSTRATIONER AV

KARIN DAHLQVIST

FÖRSTA UTGÅVAN TRYCKT 2025

Förlag: BoD · Books on Demand, Östermalmstorg 1, 114 42 Stockholm, bod@bod.se

Tryck: Libri Plureos GmbH, Friedensallee 273, 22763 Hamburg, Tyskland

WWW.KARINDAHLQVIST.SE

ISBN: 978-91-8097-011-2

FÖRORD

I Häxans kunskap tar Karin, som är utöver medium och Freja Prästinna, dig med på en resa av självupptäckt och magi. Genom att dela med sig av sin kunskap och erfarenhet har Karin satt samman allt du behöver för att börja din egen resa som häxa. Från de grundläggande principerna och historien bakom häxkonst, till praktiska ritualer och verktyg, lägga tarotkort, månfaser, örter och mycke mer– denna bok är en ovärderlig resurs för den som vill utforska den mystiska världen av magi och spiritualitet.

Denna bok ger dig kunskap där du sedan kan föra dina egna anteckningar, skapa egna recept samt forma ritualer. Genom dess sidor kommer du att utforska hemligheter som har gått i arv från generation till generation i mystikens värld. Upptäck läran att ansluta dig till naturens energier, läran att kasta skyddande cirklar och att förstå kraften i de fyra elementen.

Vare sig du är nybörjare eller erfaren inom ämnet kommer denna bok att guida dig steg för steg genom övningar, ritualer och visdomsord för att stärka din egen magi. Lär dig att lyssna till din intuitiva sida, att hedra det gudomliga att skapa balans mellan själ, sinne och kropp, kunna utforska konsten att skapa dina egna ritualer och formulera magiska ritualer.

Genom att lära dig hemligheterna bakom häxkonstens kraft kan du upptäcka din egen styrka som häxa och skapa magi som reflekterar din unika själ. När du tar pennan i handen och låter orden dansa över sidorna, öppnar du en portal till en värld där din inre visdom och kreativitet får blomstra fritt. Denna bok ger dig kunskap och du själv kan föra anteckningar och skapa dina egna magiska recept och ritualer.

Må denna bok om häxans kunskap bli din följeslagare på din personliga magiska resa och låt dess visdom vägleda dig mot djupare förståelse och insikt.

ALTARE - KRAFTPLATS

Altare: Ett altare är fokus för häxans ritualer, det är här de flesta redskapen ligger och det är härifrån många av ritual handlingarna utgår. Inomhus kan altaret vara allt från en hylla på väggen till ett stadigt ekbord. Vid en utomhusritual är det kanske en sten eller stubbe, eller helt enkelt en duk utbredd på marken. Du väljer själv hur du vill pynta ditt altare.

Grunden och bör finnas på altaret

Bägaren: Representerar elementet vatten.

Athame - Svärdet: Är det redskap som framför allt representerar elementet eld eller luft.

Staven: Representerar elementet luft eller eld.

Pentagrammet: Representerar elementet jord.

Rökelser: Representerar elementen luft och eld på altaret. Om man inte använder rökelser kan man lägga till ett ljus för att representera eld. Du kan även både använda rökelser och ljus.

Vatten och salt: Representerar elementen vatten och jord på altaret.

Kitteln: Är ett redskap som används att elda i, bränna saker, eller vid spådom. En kittel är vanligen gjord i gjutjärn eller koppar.

Kvasten används till renande: Exempelvis kan man sopa cirkeln med den under ritualens förberedande fas. Vid en handfästning (*häxbröllop*) efter paret har förenats hoppa över kvasten, som ligger på marken, för att markera början på sitt nya liv tillsammans.

Staven: Symboliserar världsträdet Yggdrasil och när völvan sejdar är det längs med en trädstam eller på en stubbe ute i naturen som völvan reser till de andra världarna. Staven kan stå lutad mot ditt altare eller på en plats där du kan känna den gör sin kraft.

Ljus: Användas för att markera riktningar eller handlingar. Man kan ha ljus i de fyra väderstrecken, tända dem när man öppnar riktningarna. Tänd ljusen för att markera något du gjort eller ska göra i ritualen. Ljusen används som hjälpmedel för ljusmagi.

SKAPA DITT PERSONLIGA ALTARE

Plats: Hitta en lugn och speciell plats där du kan sätta upp ditt altare.

Element: En viktig del av ett altare är symboliska element som representerar de fyra elementen - jord, luft, eld och vatten. Du kan placera stenar, fjädrar, ljus och en vattenskål på ditt altare för att representera dessa element.

Kristaller: Kristaller är kraftfulla verktyg inom häxkonst och kan användas för att förstärka olika intentioner. Välj några kristaller som du känner dig dragen till och placera dem på ditt altare.

Växter: Använd växter och örter för att förstärka din anknytning till naturen och dess magi. Du kan ha torkade örter i små behållare eller en liten krukväxt på ditt altare eller fina tulpaner eller rosor i en fin vas som du tycker passar in på ditt altare.

Symboler: Lägg till symboler som har personligbetydelse för dig, som tarotkort, runor eller andra föremål som du finner betydelsefulla.

När du samlar och arrangerar dessa element på ditt altare, kom ihåg att lyssna till din intuition och låta din kreativitet flöda. Ditt altare är en förlängning av dig själv och din magiska praktik, så låt det spegla din unika energi och intention. Du kan smycka ditt altare efter årstiden - Sabbaterna.

Må din magiska resa vara fylld av skönhet, visdom och magi när du skapar ditt allra första altare och din väg in i häxans magivärld.

SKAPA DITT ALTARE

Vad behöver jag inhandla till mitt altare

Vad vill jag skapa

Vilka färger vill jag använda vid årstiderna - Sabbaterna

WICCA OCH HÄXORNAS
SABBATER

Samhain (*31 oktober – 1 november*)
- Markerar årets slut och början av det nya året i många hedniska traditioner.
- Kallas ofta "de dödas natt" då slöjan mellan de levande och de dödas värld anses vara som tunnast.
- En tid för reflektion, att hedra förfäder och släppa taget om det gamla.

Yule (*ca 21 december, vintersolståndet*)
- Vintersolståndet, den längsta natten på året, där ljuset börjar återvända.
- En högtid för hopp, återfödelse och firande av solen.
- Traditioner som julgranen och ljus har förkristna rötter i Yule.

Imbolc (*1–2 februari*)
- En tid för rening, ljus och förberedelse inför våren.
- Firar gudinnan Brigid och symboliserar fröjden av nytt liv och inspiration.
- Eld, ljus och kreativitet står i fokus.

Ostara (*ca 21 mars, vårdagjämningen*)
- Dagen och natten är lika långa, och balansen firas.
- En tid för fruktbarhet, förnyelse och växande liv.
- Kopplas till ägg, harar och andra symboler för livets cykler.

Beltane (*30 april – 1 maj*)
- En eldfest som markerar sommarens början och firar passion, fertilitet och kreativ energi.
- Dans runt majstången och tändning av eldar är vanliga inslag.
- En högtid av glädje, kärlek och skaparkraft.

Litha (*ca 21 juni, sommarsolståndet*)
- Den längsta dagen på året, då solen står som högst.
- Firar ljusets triumf och livets överflöd.
- En tid för tacksamhet och kraftfull magi.

Lammas / Lughnasadh (*1 augusti*)

- Den första skördefesten, då det tidiga vetet och säden skördas.
- Firar arbetsinsats och tacksamhet för naturens rikedom.
- Kopplas till den keltiske guden Lugh.

Mabon (*ca 21 september, höstdagjämningen*)

- Dagen och natten är återigen lika långa, och balans är centralt.
- En högtid för att hedra skörden och reflektera över vad man har uppnått.
- En tid av tacksamhet och förberedelse inför den mörkare årstiden.

Symboliken i sabbaterna: Hjulet av året symboliserar naturens cykliska gång och människans koppling till jorden. Sabbaterna firar balans, förändring och harmoni mellan ljus och mörker, tillväxt och vila. De påminner också om att vi själva är en del av dessa naturliga cykler.

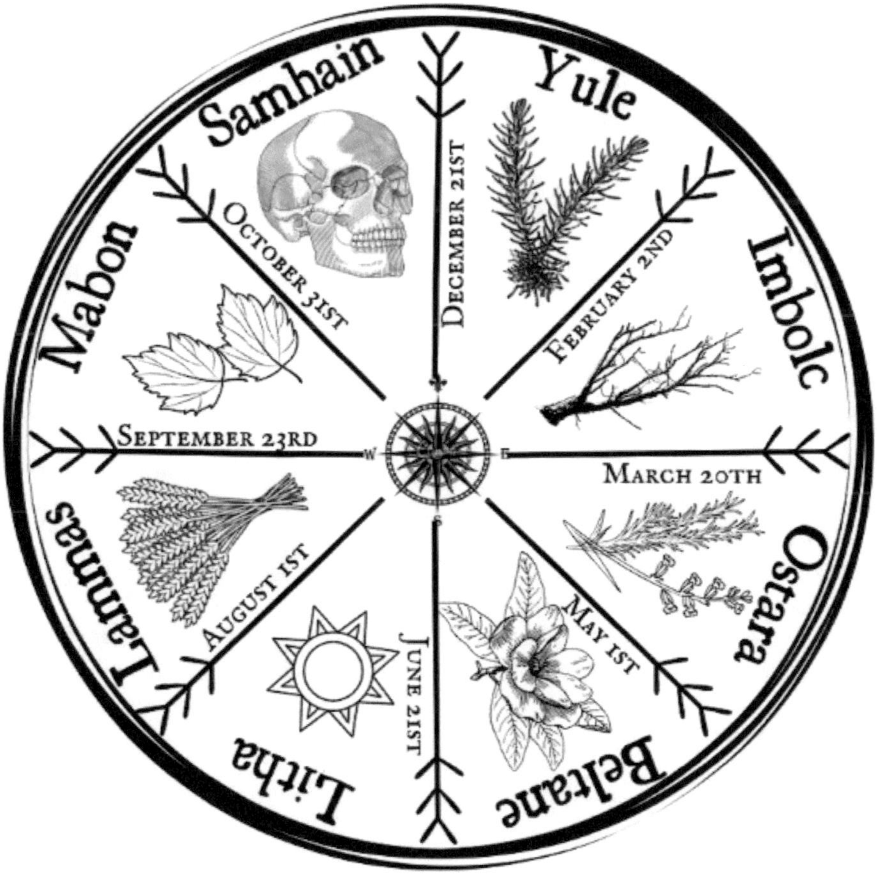

NORDISKA PRÄSTINNORS
SABBATER

I den nordiska kontexten för Nordens Prästinnor finns det inte någon direkt koppling mellan de moderna wiccanska eller hedniska sabbaterna och de nordiska traditionerna. Dock kan man hitta paralleller i hur årstider, naturens cykler och högtider firades i fornnordisk kultur, ofta med ceremonier ledda av kvinnor, som kunde fungera som prästinnor, völvor eller seidkonor. Dessa kvinnor är ledare, siare och förmedlare mellan det mänskliga och det gudomliga. Här är den nordisk tolkning av sabbaterna, anpassad till den nordiska traditionen och dess årstidsväxlingar.

Vetrnætr (*Samhain*) HEL

- **Betydelse:** Firades vid sommarens slut (*ca oktober*), en tid för att markera övergången till vinterhalvåret.
- **Fokus:** Hedra förfäder, och förbereda inför den mörka årstiden.
- **Prästinnans roll:** Utföra blót (*offer*) till Hel, dödsrikets härskarinna, och till de döda. Hon kunde också spå om vinterns gång.
- **Fira:** Sätt upp ett altar med symboler för död och återfödelse, som ben, fjädrar eller höstlöv. Bjud in förfädernas andar i meditation eller ritual.

Jól (*Yule*) SKADE

- **Betydelse:** Vintersolståndet firades med Jól, en av de viktigaste högtiderna i Norden.
- **Fokus:** Hylla solens återkomst, ljusets triumf över mörkret, och hedra gudinnan Skade (*fruktbarhet*)
- **Prästinnans roll:** Leda ceremonier vid härden eller eldplatser, offra till Skade och fira med sång och poesi.
- **Fira:** Tänd ett ljus för varje dag under de 12 julnätterna. Häng upp juldekorationer av gran och eld-symboler, som påminner om de gamla sederna.

Dísablót (Imbolc) SAGA

- **Betydelse:** En vårvinterhögtid tillägnad diserna, kvinnliga andar eller gudinnor som skyddade familjen och jorden.
- **Fokus:** Rening, förnyelse och att hedra kvinnokraft och gudinnan Saga.
- **Prästinnans roll:** Kalla på diserna genom ritualer och blót för att välsigna jord och hem.
- **Fira:** Gör en reningsceremoni i hemmet, tänd ljus och be till diserna för styrka och klarhet.

Vårblot (*Ostara*) IDUN

- **Betydelse**: Firar vårens återkomst och naturens växande livskraft.
- **Fokus**: Fruktbarhet, balans och nya början.
- **Prästinnans roll**: Välsigna jorden, utföra såddritualer och blót till Idun (*ungdom*) eller Jord (*moder jord*).
- **Fira**: Plantera frön som en symbolisk handling för intentioner. Dekorera med vårblommor som björkris och använda grönt och gult som färgtema.

Walpurgisnatt (*Beltane*) FREJA

- **Betydelse**: Firade vårens fulla kraft och markerade övergången till sommarhalvåret.
- **Fokus**: Fruktbarhet, passion och firande av livet.
- **Prästinnans roll**: Tända eldar för att skydda jorden och välsigna föreningen mellan Freja och Oden.
- **Fira**: Dansa runt en eld eller symbolisk majstång, tänd ljus och sjung sånger för att fira glädje och vitalitet.

Midsommar (*Litha*) SUNNA

- **Betydelse**: Sommarsolståndet var en tid för att fira ljusets och solens högsta punkt.
- **Fokus**: Fruktbarhet, livets överflöd och naturens prakt.
- **Prästinnans roll**: Leda ceremonier för Sunna (Sól, solens gudinna).
- **Fira**: Tänd eldar, klä dig i blommor och håll fester för att tacka naturen för dess överflöd.

Skördeblot (*Lammas/Lughnasadh*) FRIGGA

- **Betydelse**: Den första skördefesten, då säd och frukt skördades.
- **Fokus**: Tacksamhet för årets första gåvor och säkerhet inför vintern.
- **Prästinnans roll**: Leda skördeceremonier och offra till Frigga och andra jordbruksgudinnor.
- **Fira**: Baka bröd av den första skörden, håll en festmåltid och dekorera med säd, korn och höstblommor.

Álfablót (*Mabon*) RAN

- **Betydelse**: Höstdagjämningen, då mörkret åter börjar ta över ljuset.
- **Fokus**: Hedra förfäder, och tacka för den fullständiga skörden.
- **Prästinnans roll**: Utföra tacksägelseblót och rituellt skydda familjen och marken inför vintern.
- **Fira**: Dekorera med höstens färger, håll en tacksamhetsritual och offra mat och dryck till alverna i naturen.

Prästinnorna i den nordiska traditionen är inte bara ledare utan också förkroppsligandet av naturens kraft och balans. Deras roll är att guida samhället genom årets cykler, hedra förfäder och
säkerställa harmoni mellan människor och de gudomliga krafterna.

Hel
Skade
Ran
Saga
September 23rd
October 31st
December 21st
February 2nd
March 20th
Frigga
Idun
August 1st
May 1st
June 21st
Sunna
Freja

Nornorna i Nordisk Mytologi

De tre nornorna är ödesväverskor i den nordiska mytologin.
De spinner, väver och skär av livets trådar för gudar och människor, vilket gör dem till några av de mest kraftfulla och mystiska varelserna i den fornnordiska kosmologin.

Nornornas namn och betydelse

Urd (Urðr) – Det som har varit
- Symboliserar det förflutna.
- Hon vakar över minnen, erfarenheter och livets rötter.
- Avbildas ofta som en äldre kvinna med visdomens tyngd.

Verdandi (Verðandi) – Det som är
- Representerar nuet och den pågående väven av ödet.
- Hon står för förändring och ögonblickets kraft.
- Ofta skildrad som en mogen kvinna i handlingens mitt.

Skuld – Det som ska komma
- Symboliserar framtiden och det oundvikliga.
- Hon bär ansvar för vad som ännu inte skett och kan ses som både hoppfull och hotfull.
- Brukar avbildas som en ung kvinna med en skärande sax för att klippa livets tråd.

Nornornas Roll
De bor vid Urdarbrunnen, en helig källa vid världsträdet Yggdrasil. Där vattnar de Yggdrasils rötter och håller dess grenar gröna och levande. Nornorna bestämmer ödet, men de styrs inte själva av det de är ödet och de livs trådar som Nornorna spinner vårt öde på.

Hur nornorna ser framtiden

- De väver ödestrådarna: Nornorna skapar en symbolisk väv där varje tråd representerar en levande varelses liv. Framtiden kan påverkas av hur trådarna binds samman.

- De tre nornorna tolkar Urdarbrunnen: Vattnet i brunnen innehåller all visdom och alla händelser som varit och som kan komma. Genom att spegla sig i vattnet kan nornorna se vad som väntar.

- De ger profetior: Deras förutsägelser är ofta kryptiska och ofrånkomliga, likt de ödesprofetior som Oden söker insikt i.

Arbeta med nornornas energi i magi

- Runor: Futharkens runor är ett verktyg för att tolka ödet, och anses vara en gåva från Oden som själv offrade sig för kunskapens skull.
- Vattenmagi: Att spegla sig i vatten, som i Urdarbrunnen, för att få visioner.
- Ödesvävning: Symboliska handlingar där man knyter trådar eller väver tyg för att påverka framtiden.

Ritual för att Arbeta med Nornornas Visdom

Denna ritual hjälper dig att få insikt om ditt öde och ta del av nornornas vägledning. Du kan använda den för att få svar på en specifik fråga eller för att förstå din livsväg bättre.

Vad du behöver
- En skål med vatten (*symboliserar Urdarbrunnen*)
- Tre trådar i olika färger (*vit för Urd, röd för Verdandi, svart för Skuld*)
- Tre ljus (Ljusen representerar de tre nornorna)
- Runor eller orakelverktyg, exempel: stenar, kristaller, snäckor.
- En spegel (*valfritt*)

Steg 1: Skapa ett heligt utrymme
Rena platsen genom att tända rökelse eller strö salt runt din ritualcirkel. Ställ fram skålen med vatten i mitten och placera de tre ljusen runt den.

Steg 2: Anropa Nornorna
Tänd ljusen ett i taget och säg:

"Urd, du som känner allt som varit, visa mig visdom från det förgångna."

"Verdandi, du som formar nuet, vägled mig i det som är."

"Skuld, du som vet det kommande, låt mig se glimtar av det som väntar."

Steg 3: Betrakta Urdarbrunnen

Fokusera på skålen med vatten. Titta in i dess djup och låt ditt sinne bli stilla. Om du har en spegel, håll den över vattnet och se om bilder eller symboler uppenbarar sig.

Steg 4: Väva Ödet

Ta de tre trådarna och börja fläta dem långsamt medan du tänker på din fråga. När flätan är färdig, knyt den med en stark knut och viska:
"Så som trådarna vävs samman, så vävs mitt öde i balans och visdom."

Steg 5: Läs nornornas svar

Om du använder runor, dra tre stycken:
- Den första representerar det förflutna (*Urd*)
- Den andra visar nutiden (*Verdandi*)
- Den tredje avslöjar en möjlig framtid (*Skuld*)

Tolka runorna utifrån deras betydelse och din intuition.

Steg 6: Tacka och avsluta - Tacka nornorna för deras vägledning och släck ut ljusen. Låt trådflätan bli en talisman eller bränn den som en symbol för att släppa taget om det du har fått insikt i.

DAGLIG RITUAL

Tid: Morgon eller när det känns rätt för dig
Verktyg: Ett ljus (*valfri färg*), din favoritkristall, penna, skriv ner dina manifestationer.

Skapa ett heligt utrymme
Sätt dig på en lugn plats där du inte blir störd.
Tänd ljuset och håll din kristall i handen (*eller ha den nära dig*).
Andas djupt tre gånger för att centrera dig.

Sätt intentionen
Tänk på vad du vill manifestera under dagen. Det kan vara en känsla
(*som lugn, glädje, styrka*) eller något konkret (*som ett möte du vill ska går bra, eller en oväntad möjlighet*).

Säg din intention högt eller i ditt sinne.
Exempel: *"Idag manifesterar jag klarhet och framgång i allt jag gör."*

Visualisera
Blunda och föreställ dig att din intention redan är verklighet.
Känn hur det skulle kännas om det du önskar redan har hänt,
låt dig fyllas av den känslan.

Skriv journal
Skriv ner dina intentioner i dina anteckningar i boken: Jag vill manifestera, vädjan till universum, osv.

Tacka universum
Tacka universum (*eller dina gudinnor, väsen, om du arbetar med någon*) för att det du manifesterar ska komma till dig. Släck ljuset med respekt och med intentionen att energin från ritualen sprider sig genom dagen.

Eget val: Bär med dig en läder påse eller en vacker tygpåse, där du kan lägga ner dina kristaller/runor eller något annat magiskt föremål som en påminnelse om din intention.
Upprepa affirmationen för dig själv under dagen när du behöver stärka din energi.
Detta är en enkel ritual som stärker din magiska närvaro och hjälper dig att fokusera på vad du vill skapa i ditt liv.
Vill du lägga till något specifikt, som tarotkort eller månfaser gör du det utefter hur din tacksamhet manifesteras eller vilken tacksamhet du har för dagen.

PRODUKTER TILL
DITT ALTARE

Lista över produkter och verktyg som du kan användas i ritualer
och häxkonster. Dessa nedan kan användas i ritualer, magiflaskor, meditation eller
andra magiska praktiker. Många av dessa produkter är enkla att hitta på internet eller
fysiska butiker och kan anpassas efter dina behov.

Ljus
Ljusen används för att representera elementet eld, sätta intentioner och stärka
ritualer.

Färger och betydelser

- **Vit**: Rening, skydd, klarhet.
- **Svart**: Skydd, avslut, skuggarbete.
- **Rosa/Röd**: Passion, kärlek, styrka.
- **Grön**: Överflöd, framgång, hälsa.
- **Blå**: Healing, kommunikation, lugn.
- **Guld**: Framgång, manifestation.
- **Silver**: Intuition, månarbete.

Kristaller och stenar
Kristaller har olika energier och används för att
förstärka magin.

- **Ametist**: Andlighet, lugn, intuition.
- **Rosenkvarts**: Kärlek, självkärlek, relationer.
- **Citrin**: Glädje, framgång, kreativitet.
- **Svart turmalin**: Skydd, jordning, rening.
- **Klar kvarts**: Allmänt förstärkande, healing, klarhet.
- **Månsten**: Intuition, månarbete, feminina energier.

Örter och växter
Örter har kraftfulla magiska egenskaper och kan användas i magiflaskor, teer,
rökelse eller bad.

- **Rosmarin**: Skydd, rening, klarhet.
- **Kamomill**: Lugna energier, lycka, healing.
- **Kanel**: Överflöd, passion, energi.
- **Salvia**: Rening och energiskydd.
- **Basilika**: Framgång, kärlek, pengar.
- **Rosenblad**: Kärlek, harmoni, självkärlek.
- **Lavendel**: Lugn, kärlek, drömmagi.

Oljor och essenser - Eteriska oljor

Använd eteriska oljor och magiska oljor för att smörja ljus, använda i ritualbad eller smörj på huden. Lavendel (*lugnar*), pepparmint (ger *energi*), eukalyptus (*renar*).

- **Magiska oljor**: Förstärker magiska arbetet och måendet.
- **Kärleksolja**: Förstärker kärleksmagin.
- **Skyddsolja**: För att skydda energin och hemmet.

Verktyg

- **Kittel**: För att blanda örter, göra brygder eller symboliskt arbete.
- **Mortel och stöt**: Används för att mala örter och kristaller.
- **Pendel**: För att få svar på frågor eller utföra energiarbete.
- **Tarotkort/orakelkort**: För vägledning och insikter.
- **Trollstav**: Verktyg för att rikta energi i ritualer.
- **Athame** (*Ritualkniv*): För att skära energiband eller markera cirklar.

Månvattnet

Vatten som har laddats under månens ljus. Det används för rening, helande och månarbete.

- **Tillsätt**: Kristaller som klar kvarts eller örter som lavendel för extra kraft.

Rökelse och reningsverktyg

Rökelse används för att rena utrymmen och skapa en magisk atmosfär:
Rökelsepinnar eller koner: Sandelträ (*helande*), frankincense (*spiritualitet*), ceder (ger *skydd och renar*).

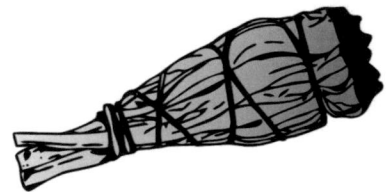

- **Salvia**: För rening av negativa energier.
- **Palo santo**: För att välkomna positiv energi.

Magi flaskor

Fyll små burkar med örter, kristaller, oljor och symboliska föremål för att skapa magiska "*ritualer*" för olika intentioner, till exempel:

- **Skydd**: Svartturmalin, rosmarin, och en skyddsrunsten.
- **Kärlek**: Rosenblad, rosenkvarts och lite honung.

Symboliska föremål

- **Sigill**: Tecknade symboler för specifika intentioner.
- **Runor**: För vägledning eller energiarbete.
- **Pentagram**: Skydd och balans mellan elementen.

Naturliga element

- **Vatten**: Från en källa eller hav, används i reningsritualer.
- **Salt**: För att skapa skyddscirklar och rening.
- **Fjädrar**: Representerar luft och används i ritualer för kommunikation eller frihet.
- **Snäckor**: För arbete med vattenelementet eller havsgudinnor.

Skuggbok eller Grimoire

En personlig bok där du skriver ner ritualer, intentioner, magiska recept, och lärdomar. Det är ett ovärderligt verktyg för att hålla koll på din magiska utveckling utöver det du skriver i denna bok. Denna bok är helt förbjudet av obehöriga att läsa utan din tillåtelse som den är helig för endast dig och ditt energi arbete. Man kallar sin *Grimoire* för sin heliga kraftbok.

SKAPA DIN EGNA RITUAL

Redskap jag behöver	Inför arbete

Örter jag behöver	Inför arbete

INVENTARIE
RITUAL PRODUKTER

PRODUKT	ANTAL	ANVÄNDNING

INKÖP BUTIKER

Varor på sidan

Webbplats

Användarnamn

Lösenord

Varor på sidan

Webbplats

Användarnamn

Lösenord

Varor på sidan

Webbplats

Användarnamn

Lösenord

Varor på sidan

Webbplats

Användarnamn

Lösenord

MINA HÄXVÄNNER

Namn	E-post	Telefonnummer

DAGLIG
MANIFESTATION

Jag vill manifestera: _____

_____

_____

Vädjan till universum: _____

_____

_____

_____

Visualisering

Jag ser: _____

Jag har: _____

Jag känner: _____

Visualisering:

_____

_____

_____

Handlingsplan:

_____

_____

_____

DAGLIG
MANIFESTATION

Jag vill manifestera: _____

_____

_____

Vädjan till universum: _____

_____

_____

_____

Visualisering

Jag ser: _____

Jag har: _____

Jag känner: _____

Visualisering:

_____

_____

_____

Handlingsplan:

_____

_____

_____

DAGLIG
MANIFESTATION

Jag vill manifestera: _____

_____

_____

Vädjan till universum: _____

_____

_____

_____

Visualisering

Jag ser:_____

Jag har:_____

Jag känner:_____

Visualisering:

_____

_____

_____

Handlingsplan:

_____

_____

_____

DAGLIG
MANIFESTATION

Jag vill manifestera: _____

_____

_____

Vädjan till universum: _____

_____

_____

_____

Visualisering

Jag ser:_____

Jag har:_____

Jag känner:_____

Visualisering:

_____

_____

_____

Handlingsplan:

_____

_____

_____

DAGLIG
MANIFESTATION

Jag vill manifestera: _____
_____
_____

Vädjan till universum: _____
_____
_____
_____

Visualisering

Jag ser:_____

Jag har:_____

Jag känner:_____

Visualisering:
_____
_____
_____
_____

Handlingsplan:
_____
_____
_____

DAGLIG
MANIFESTATION

Jag vill manifestera: _____

_____

_____

Vädjan till universum: _____

_____

_____

_____

Visualisering

Jag ser:_____

Jag har:_____

Jag känner:_____

Visualisering:

_____

_____

_____

Handlingsplan:

_____

_____

_____

DAGLIG
MANIFESTATION

Jag vill manifestera: _____
_____
_____

Vädjan till universum: _____
_____
_____
_____

Visualisering

Jag ser:_____

Jag har:_____

Jag känner:_____

Visualisering:
_____
_____
_____

Handlingsplan:

_____
_____
_____

DAGLIG PLANERING
I

Börja dagen magiskt

Morgon rutiner

Vakna och centrera dig
Ta tre djupa andetag och sätt en intention för dagen.
Visualisera ljus som omger dig och fyller dig med energi.

Magisk morgonrutin
Tänd ett ljus eller rökelse för att rena din energi.
Dra ett tarot-eller orakelkort för vägledning underdagen.
Anteckna i din dagliga planering:
Din intention för dagen vad du vill ska ske, något du är tacksam för.

Frukost med mindfulness
Brygg en kopp te eller kaffe och tillför en magisk ingrediens
(*till exempel, kanel för överflöd, honung för kärlek*).
Drick långsamt och var närvarande i stunden och njut av det eventuella tillbehör du
äter till frukost.

Förmiddag: Praktiskt arbete och kreativmagi

Dagligt ansvar
Utför dina vardagliga uppgifter, som arbete eller studier, med fokus och närvaro.
Använd små magiska handlingar, som att rita symboler i kaffesumpen eller skriva
affirmativa meningar i dina anteckningar.

Kreativ magi
Ägna tid åt något kreativt som stärker din magiska energi.
Måla, skriva, skapa ritualer och magi, eller skriv ner i dina dagliga planer.

Eftermiddag: Natur och rörelse
Anslut till naturen, ta en promenad ute i naturen eller i en park.
Samla magiska ingredienser (till exempel stenar, växter, eller kvistar)
Ta alltid något med respekt för naturen, tacka moderjord för varje sak du tar med
dig hem från naturen.

DAGLIG PLANERING
I

Eftermiddag: Natur och rörelse

Energiarbete
Gör en kort meditation för att balansera dina chakran.
Om du äger en shaman trumma, kan du trumma för moderjord.
Utför en jordning: Stå barfota på marken eller hemma i en hink med jord och visualisera att du ansluter till jordens energi.

Kväll: Reflektion och fördjupning
Ritual eller magiskt arbete
- Utför en enkel ritual baserad på din intention (*till exempel manifestation, rening eller månarbete*).
- Använd ljus, kristaller eller drick örtte för att förstärka energin.

Skriv anteckningar:
- Vad som gick bra under dagen.
- Lärdomar eller insikter.
- Hur du kände dig energimässigt.
- Lugn och återhämtning.

Innan du lägger dig:
- Ta ett avslappnande bad med magiska örter eller salt, eller ta en dusch med magiska oljor.
- Läs en bok om magi, mytologi eller om andlighet.
- I din dagliga planering kan du skriva om din dag.

DAGLIG PLANERING
II

Morgon: Morgonmagi och intentioner
Vakna med medvetenhet

Börja dagen med tre djupa andetag
och visualisera ljus som omsluter dig.
Sätt en intention för dagen, till exempel
"Idag välkomnar jag glädje och balansen."
Reningsritual: Stänk lite månvatten eller rosmarinhydrolat på dig självs om en
rening. Tänd ett ljus eller rökelse och låt dess energi fylla rummet.

Tarot eller orakelkort
Dra ett kort för dagen och skriv ner dess budskap i dina anteckningar. Reflektera
över hur det kan vägleda dig under dagen.

Magisk frukost - Förbered frukosten med intention
Använd kanel för överflöd i det du dricker, honung för kärlek i te, eller citron för
klarhet. Medan du dricker, föreställ dig att du tar in positiv energi. Ät din frukost och
de tillbehör som du brukar och tycker om.

Förmiddag - Arbete och små magiska handlingar
Utför arbetsuppgifter eller studier med små magiska inslag.
Rita runor eller sigill på anteckningar eller på arbetsredskap.
Sätt en skyddsbesvärjelse på din dator, telefon eller andra föremål som du använder
under dagen.

Magisk städning
Ägna tid åt att rengöra ditt hem eller arbetsutrymmen. Använd en hemmagjord
rengöringsspray med vatten tillsammans med örter som lavendel eller citron för att
rena energin eller salvia eller skapa dina egna rökelser till rening.

Eftermiddag: Anslut till naturen och fördjupning - Naturkontakt
Ta en promenad utomhus, samla naturliga föremål (stenar, löv, kvistar) med respekt
till naturen säger du några ord om tacksamhet.

Gör en kort jordningsövning

Stå barfota ute på marken och visualisera rötter som sträcker sig djupt ner i jorden om vädret tillåter, annars ta en hink som du kan lägga blomjord i, där du får plats med båda dina fötter och visualisera samma som ovan.

Lärande och fördjupning

Läs en bok om magi, häxkonst, gudinnor, gudar eller mytologi. Skriv ner besvärjelser som du själv kommer på eller det som du lär dig i denna bok, du kan även skriva ner dina reflektioner, eller lärdomar du lärt dig under dagen.

Daglig ritual - Utför en enkel ritual baserat på dina behov

- **Skydd:** Tänd ett svart ljus och visualisera en sköld omkring dig.
- **Manifestation:** Tänd ett grönt eller guldljus för överflöd.
- **Släppande:** Skriv ner något du vill släppa och bränn det (*säkert på ett fat eller i en häxkittel*).

Reflektion i dina anteckningar

Skriv om dagens händelser och energier, reflektera över ditt tarotkort eller dagens intention.
Hur påverkade det din dag?
Lugn och återhämtning?

Ta ett bad med havssalt, rosenblad eller lavendel för rening och avslappning, eller en dusch med magiska oljor.
Gör en kvällsmeditation eller avslappningsövning.

Sömn: Förbered för drömmagi.

Drömpåse eller kristall

- Placera en drömpåse under kudden fylld med lavendel, kamomill eller ametist.

Drömintention

- Sätt en intention för dina drömmar, till exempel."Ge mig klarhet" eller "Visa mig vägledning."

Tacka universum

- Tyst eller högt tacka universum, elementen, eller dina gudinnor/väsen för deras närvaro och vägledningen du fått under dagen eller natten.

Magiska extrainslag

Månens energi - Anpassa dagens magi efter månens fas
- **Nymåne:** Nystart och manifestation.
- **Fullmåne:** Firande och fullbordande.
- **Avtagande måne:** Rening och släppande.

Elementens balans: Arbeta med de fem elementen dagligen (*jord, luft, eld, vatten och anden*).

DAGLIG PLANERING

☐ Mån ☐ Tis ☐ Ons ☐ Tor ☐ Fre ☐ Lör ☐ Sön

Visualisering

| 6.00: |
| 7.00: |
| 8.00: |
| 9.00: |
| 10.00: |
| 11.00: |
| 12.00: |
| 13.00: |
| 14.00: |
| 15.00: |
| 16.00: |
| 17.00: |
| 18.00: |
| 19.00: |
| 20.00: |
| 21.00: |
| 22.00: |
| 23.00: |
| 24.00: |

Viktigt att tänka på

Middag/kväll:

Anteckningar

DAGLIG PLANERING

☐ Mån ☐ Tis ☐ Ons ☐ Tor ☐ Fre ☐ Lör ☐ Sön

Visualisering

6.00:	
7.00:	
8.00:	
9.00:	
10.00:	
11.00:	
12.00:	
13.00:	
14.00:	
15.00:	
16.00:	
17.00:	
18.00:	
19.00:	
20.00:	
21.00:	
22.00:	
23.00:	
24.00:	

Viktigt att tänka på

Middag/kväll:

Anteckningar

DAGLIG PLANERING

☐ Mån ☐ Tis ☐ Ons ☐ Tor ☐ Fre ☐ Lör ☐ Sön

Visualisering

6.00:	
7.00:	
8.00:	
9.00:	
10.00:	
11.00:	
12.00:	
13.00:	
14.00:	
15.00:	
16.00:	
17.00:	
18.00:	
19.00:	
20.00:	
21.00:	
22.00:	
23.00:	
24.00:	

Viktigt att tänka på

Middag/kväll:

Anteckningar

DAGLIG PLANERING

☐ Mån ☐ Tis ☐ Ons ☐ Tor ☐ Fre ☐ Lör ☐ Sön

Visualisering

| 6.00: |
| 7.00: |
| 8.00: |
| 9.00: |
| 10.00: |
| 11.00: |
| 12.00: |
| 13.00: |
| 14.00: |
| 15.00: |
| 16.00: |
| 17.00: |
| 18.00: |
| 19.00: |
| 20.00: |
| 21.00: |
| 22.00: |
| 23.00: |
| 24.00: |

Viktigt att tänka på

| | |
| | |

Middag/kväll:

Anteckningar

DAGLIG PLANERING

☐ Mån   ☐ Tis   ☐ Ons   ☐ Tor   ☐ Fre   ☐ Lör   ☐ Sön

Visualisering

| 6.00: |
| 7.00: |
| 8.00: |
| 9.00: |
| 10.00: |
| 11.00: |
| 12.00: |
| 13.00: |
| 14.00: |
| 15.00: |
| 16.00: |
| 17.00: |
| 18.00: |
| 19.00: |
| 20.00: |
| 21.00: |
| 22.00: |
| 23.00: |
| 24.00: |

Viktigt att tänka på

| | |
| | |

Middag/kväll:

Anteckningar

DAGLIG PLANERING

☐ Mån ☐ Tis ☐ Ons ☐ Tor ☐ Fre ☐ Lör ☐ Sön

Visualisering

| 6.00: |
| 7.00: |
| 8.00: |
| 9.00: |
| 10.00: |
| 11.00: |
| 12.00: |
| 13.00: |
| 14.00: |
| 15.00: |
| 16.00: |
| 17.00: |
| 18.00: |
| 19.00: |
| 20.00: |
| 21.00: |
| 22.00: |
| 23.00: |
| 24.00: |

Viktigt att tänka på

Middag/kväll:

Anteckningar

DAGLIG PLANERING

☐ Mån ☐ Tis ☐ Ons ☐ Tor ☐ Fre ☐ Lör ☐ Sön

Visualisering

6.00:	
7.00:	
8.00:	
9.00:	
10.00:	
11.00:	
12.00:	
13.00:	
14.00:	
15.00:	
16.00:	
17.00:	
18.00:	
19.00:	
20.00:	
21.00:	
22.00:	
23.00:	
24.00:	

Viktigt att tänka på

Middag/kväll:

Anteckningar

VECKANS PLANERING

Vecka:

Månad:

Måndag

Tisdag

Onsdag

Torsdag

Fredag

Lördag

Söndag

Anteckningar

VECKANS PLANERING

Vecka:

Månad:

Måndag

Tisdag

Onsdag

Torsdag

Fredag

Lördag

Söndag

Anteckningar

VECKANS PLANERING

Vecka: **Månad:**

Måndag

Tisdag

Onsdag

Torsdag

Fredag

Lördag

Söndag

Anteckningar

VECKANS PLANERING

Vecka:	Månad:

Måndag	Tisdag

Onsdag	Torsdag

Fredag	Lördag

Söndag

Anteckningar

ASTROLOGISKA
HÄNDELSER I

Astrologiska händelser är viktiga rörelser och positioner av himlakroppen som används i astrologi för att förstå energier och påverkan på våra liv och på jorden. Dessa händelser kan ha olika betydelser beroende på deras natur, plats i zodiaken och aspekter till andra planeter.

Vanliga astrologiska händelser och deras betydelse

Solens rörelser
Solens ingång i ett nytt stjärntecken:
- Markerar början på en ny månad i zodiaken och sätter tonen för energin.
- **Exempel:** När solen går in i Väduren (*starten på astrologiska året*) upplevs en energi av nystart, mod och action.

Solstånd och dagjämning
- **Vårdagjämning** (*Mars*): Balans och nystart.
- **Sommarsolstånd** (*Juni*): Höjdpunkten av ljus och energi.
- **Höstdagjämning** (*September*): Reflektion och balans.
- **Vintersolstånd** (*December*): Tid för vila och introspektion.

Månens rörelser - Nymåne och Fullmåne
Varje nymåne och fullmåne sker i ett specifikt stjärntecken och färgas av dess energi.
- **Nymåne:** Tid för intentioner och nystart.
- **Fullmåne:** Tid för manifestation och släppande.
- **Månförmörkelse**: En kraftfull händelse som signalerar avslut, förändring och transformation.
- **Supermåne:** När månen är närmare jorden och dess energi är extra stark.

Merkurius retrograd
- **Vad det betyder:** När Merkurius verkar röra sig bakåt i sin bana (*sett från jorden*). Det är känt för att orsaka kommunikationsproblem, tekniska missöden och missförstånd.
- **Energi:** Tid för reflektion, revidering och att slutföra gamla projekt snarare än att påbörja nya.

Planeternas retrograder
- När planeter *"går retrograd"* upplevs de som att röra sig bakåt på himlen.

Varje planets retrograd har sin egen påverkan
- **Venus retrograd**: Reflektion över relationer, självkärlek och värderingar.
- **Mars retrograd**: Omvärdering av handling, energi och mål.
- **Saturnus retrograd**: Utmaningar inom struktur, ansvar och karma.

Planetkonjunktioner
- När två planeter möts på samma grad i zodiaken. Det intensifierar deras energier.
- **Exempel**: Jupiter och Saturnus möttes i Vattumannen 2020, vilket signalerade en ny cykel av innovation och samhällsförändringar.

Planetens aspekter
- Aspekter beskriver vinkeln mellan två planeter, vilket påverkar hur deras energier interagerar.

- Konjunktion (*0°*): Samarbete och intensitet.
- Kvadratur (*90°*): Utmaningar och konflikter.
- Trigon (*120°*): Flöde och harmoni.
- Opposition (*180°*): Polaritet och balans.

Förmörkelser (*Solar och Lunar Eclipse*)
- **Solförmörkelse**: Nystart och stora förändringar i det yttre.
- **Månförmörkelse**: Släppande och känslomässig transformation.
- Förmörkelser markerar kraftfulla ögonblick för avslut och början på nya cykler.

Stellium
- När tre eller fler planeter samlas i samma stjärntecken eller hus.
- Detta skapar en stark fokusering av energi på det området.
- **Exempel**: Ett stellium i Jungfrun kan betona teman som hälsa, organisation och arbete.

Noderna (*Norra och Södra noden*)

- **Norra noden**: Din livsväg och syfte – vad du är här för att lära dig.
- **Södra noden**: Din karma och erfarenheter från tidigare liv eller bekvämlighetszon.
- När noderna byter stjärntecken förändras energin kring kollektivutveckling och livslektioner och även magin runt en situation.

Årliga stora transiter

- **Saturnus återkomst**: Sker vid 29–30 års ålder och markerar en tid för mognad, ansvar och stora livsförändringar.
- **Jupiter återkomst**: Varje 12:e år när Jupiter återvänder till sin position i en födelsekarta – markeras expansion och tur.
- **Plutos återkomst**: Långsamma men intensiva transformationer.

Hur astrologiska händelser kan påverka oss

Astrologiska händelser anses påverka våra energier, känslor och erfarenheter. De används som verktyg för reflektion, förståelse och personlig utveckling.

Du kan använda dessa händelser för att planera din magi, sätta intentioner eller förstå utmaningar skriva in i astrologiska händelser i vilken månfas du befinner dig i och skapa din egen förutsättning runt eller kring dina magiska ritualer, eller bara hur månen för sig runt de astrologiska månaderna i månens månfas för att din magi ska bli starkast.

Att integrera astrologiska händelser i ritualer och magiskt arbete kan förstärka din kraft och ge djupare mening.

Här nedan är några exempel på hur astrologiska händelser kan påverka ljusmagi och andra ceremonier, samt hur du kan notera dem i din praxis.

Astrologiska händelser att observera

Månfaser
- **Nymåne:** Ny början, sätt intentioner, planera nya projekt. Perfekt för att starta ritualer för manifestation.
- **Vaxande måne:** Tillväxt, expansion, attrahera energi och resurser.
- **Fullmåne:** Kulmination, kraftfull energi för att förstärka intentioner, avslut eller frigörande.
- **Avtagande måne:** Släppa taget, rening och avslut av negativa energier.

Solstånd och ekvinoxer
- **Vårdagjämning:** Balansera energi och sätt nya mål. Kopplas till tillväxt och förnyelse.
- **Sommarsolstånd:** Fira ljuset, framgång och överflöd. Tid för manifestation och firande av livets glädje.
- **Höstdagjämning:** Reflektion, tacksamhet och skörd. Tid för att avsluta och planera inför vintern.
- **Vintersolstånd:** Ny början, inre arbete, och återhämtning. Perfekt för introspektiva ritualer och att sätta långsiktiga mål.

Planetära transiter

- **Merkurius retrograd:** Reflektion, revidering, och avslut. Bra tid för introspektiva ritualer men undvik att påbörja nya projekt.
- **Venus retrograd:** Fokus på kärlek, relationer och självkärlek. Tid för helande.
- **Mars i kraftfull position:** Energi, passion och handling. Perfekt för att stärka magiska intentioner som kräver drivkraft.
- **Jupiter-transiter:** Expansion, lycka och överflöd. Optimala för pengar och tillväxt.
- **Saturnus-transiter:** Stabilitet, struktur och disciplin. Bra för långsiktiga projekt och skyddsmagi.

Eklipser

- **Solförmörkelse:** Enormt kraftfull tid för transformation och att manifestera djupa förändringar.
- **Månförmörkelse:** Tid för att frigöra gammal energi och omfamna nya känslomässiga vägar.

ASTROLOGISKA
HÄNDELSER II

I veckokalendern kan du dokumentera dina dagar
- Datum och tid för ritualen.
- Månfaser och eventuella planetära transiter.
- Din intention eller fråga till universum.
- Vad du observerade under ritualen (ljusets låga, känslor, visioner).
- Astrologisk kalender, använd en kalender eller internet för att hålla koll på viktiga händelser.
- Hur mycke vatten du intagit, vatten skapar flöde och även bra för kroppens energi att orka arbeta med energi.

Markera datum för:
- Fullmåne och nymåne.
- Retrograder och planetära transiter.
- Solstånd och ekvinoxer.

Samla insikter: Reflektera över hur astrologiska händelser påverkar dig personligen. Till exempel: Hur kändes din energi under en fullmåne? Gav en retrograd dig insikter?

Kombinera astrologi och ljusmagi
- **Nymåne:** Tänd ett vitt eller silverfärgat ljus för att sätta intentioner.
- **Fullmåne:** Använd flera ljus (guld, blått, eller vitt) för att förstärka dina intentioner.
- **Sommarsolstånd:** Fira med ljus i varma färger som gult och orange.
- **Retrograd:** Tänd ett blått ljus för introspektion och klarhet.

MÅNDAG

Prioriteringar	Dagligt fokus

Tarotläsningar	Månfas

Vatten

Egenvård för idag

Besvärjelser/ritualer

Astrologiska händelser

TISDAG

Prioriteringar

Dagligt fokus

Tarotläsningar

Månfas

Vatten

Egenvård för idag

Besvärjelser/ritualer

Astrologiska händelser

ONSDAG

Prioriteringar

Dagligt fokus

Tarotläsningar

Månfas

Vatten

Egenvård för idag

Besvärjelser/ritualer

Astrologiska händelser

58

TORSDAG

Prioriteringar

Dagligt fokus

Tarotläsningar

Månfas

Vatten

Egenvård för idag

Besvärjelser/ritualer

Astrologiska händelser

FREDAG

Prioriteringar

Dagligt fokus

Tarotläsningar

Månfas

Vatten

Egenvård för idag

Besvärjelser/ritualer

Astrologiska händelser

60

LÖRDAG

Prioriteringar	Dagligt fokus

Tarotläsningar	Månfas

Vatten

Egenvård för idag

Besvärjelser/ritualer

Astrologiska händelser

SÖNDAG

Prioriteringar

Dagligt fokus

Tarotläsningar

Månfas

Vatten

Egenvård för idag

Besvärjelser/ritualer

Astrologiska händelser

MÅNENS FASER

Månens faser har stor betydelse inom häxkonst och magi, då de representerar olika energier som kan användas i ritualer, intentioner och besvärjelser. Här nedan är en översikt över månens faser och deras betydelse.

Nymåne ●

Energi: Början, nystart, möjligheter
- **Symbolik:** Födelse och nya cykler.
- **Magi:** Perfekt tid för att sätta intentioner, starta nya projekt eller planera för framtiden.
- **Arbete:** Skriv ner dina önskningar och mål för den kommande måncykeln. Gör en manifestationsritual för att locka till dig något nytt.
- **Färger och verktyg:** Vit, silver, och svart. Använd kristaller som månsten och selenit.

Växande halvmåne ◐

- **Energi:** Tillväxt, handling, framsteg.
- **Symbolik:** Tid att bygga och arbeta mot dina mål.
- **Magi:** Ritualer för att förstärka intentioner, stärka motivation eller attrahera resurser.
- **Arbete:** Ta praktiska steg mot dina intentioner. Gör magi som fokuserar på självförtroende, styrka och överflöd.
- **Färger och verktyg:** Grön, gul, och blå. Citrin och grön aventurin är bra kristaller.

Fullmåne ○

- **Energi:** Kraftfullhet, fullbordande, manifestation
- **Symbolik:** Klimax och höjdpunkten i måncykeln. Fullmånen är starkast och mest magisk.
- **Magi:** Ritualer för manifestation, firande, tacksamhet, och energiarbete.
- **Arbete:** Fira dina framgångar och tacksamhet för det som manifesterats. Utför healing, beskydd eller kraftfull magi.
- **Färger och verktyg:** Silver, vit, och guld. Använd ametist och klar kvarts

Avtagande halvmåne

Energi: Släppande, reflektion, rening
- **Symbolik:** Tid att rensa ut och släppa det som inte längre tjänar dig.
- **Magi:** Ritualer för rening, avslut, och att bryta negativa mönster.
- **Arbete:** Reflektera över vad som inte längre fungerar i ditt liv. Gör reningsritualer, som att rena hemmet eller din energi.
- **Färger och verktyg:** Mörkblå, svart, och grå. Använd obsidian och svart turmalin.

Mörkmåne

Energi: Vila, introspektion, transformation
- **Symbolik:** Död och pånyttfödelse, en tid för inre arbete.
- **Magi:** Perfekt tid för skuggarbete, meditation och avslutande ritualer.
- **Arbete:** Vila och återhämta dig. Gör skuggarbete för att förstå dolda delar av dig själv.
- **Färger och verktyg:** Svart och mörkbrun. Hematit och onyx är bra kristaller.

Hur man arbetar med månens energi

- **Synkronisera med månens cykler:** Planera ditt magiska arbete efter månens faser.
- **Skriv journal:** Anteckna hur du känner under varje fas för att förstå hur månens energi påverkar dig i månens veckocykel.
- **Ritualer:** Skapa enkla ritualer som passar varje fas – från manifestation till rening och reflektion.

MÅNENS
ÅTTA FASER

NYMÅNE

- Ställ in avsikter
- Be om önskemål att manifestera

FULLMÅNE

- Agera fullt ut
- Släpp och gå vidare
- Städa ut

TILLTAGANDE HALVMÅNE

- Energisk anpassning
- Vidta åtgärder
- Tänk positivt

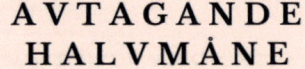

AVTAGANDE HALVMÅNE

- Släpp kontrollen
- Lita på universum
- Rensa energi

FÖRSTA KVARTALET

- Agera och ta för dig
- Mod
- Bygg på planer

FÖRRA KVARTALET

- Släpp kontrollen
- Lär dig av fasen
- Rensa energi

VÄXANDE HALVMÅNE

- Förfina planer
- Tålamod
- Förbered dig och tänk positivt

AVTAGANDE HALVMÅNE

- Mark- och centrumenergi
- Vila och koppla av
- Självvård

MÅNENS VECKOCYKEL

Dag	Tecken	Grad	Vinkel
Måndag			
Tisdag			
Onsdag			
Torsdag			
Fredag			
Lördag			
Söndag			

Anteckningar

Ritualer

MÅNENS VECKOCYKEL

Dag	Tecken	Grad	Vinkel
Måndag			
Tisdag			
Onsdag			
Torsdag			
Fredag			
Lördag			
Söndag			

Anteckningar

Ritualer

MÅNENS VECKOCYKEL

Dag	Tecken	Grad	Vinkel
Måndag			
Tisdag			
Onsdag			
Torsdag			
Fredag			
Lördag			
Söndag			

Anteckningar

Ritualer

MÅNENS VECKOCYKEL

Dag	Tecken	Grad	Vinkel
Måndag			
Tisdag			
Onsdag			
Torsdag			
Fredag			
Lördag			
Söndag			

Anteckningar

Ritualer

KRISTALL MAGI

Kristallmagi är en kraftfull och vacker form av magi där kristaller används för att förstärka intentioner, skydda energi, läka och balansera andlig, mental och fysisk energi. Varje kristall har sina unika egenskaper och vibrationer, vilket gör dem användbara i olika magiska ritualer och praktiker. Här är en guide till kristallmagi och hur du kan använda den i ditt liv.

Hur fungerar kristallmagi? Kristaller vibrerar på specifika energifrekvenser som kan harmonisera med våra egna energifält. När du använder kristaller i magi kan du kanalisera deras energi för att förstärka din intention och skapa önskad effekt.

Några av de vanligaste Kristallerna i magi

Ametist: Andlig klarhet, skydd, lugn, meditation, beskydd, intuition.
Rosenkvarts: Kärlek, självkärlek, emotionell läkning, relationer, hjärtchakra, harmoni.
Svart turmalin: Skydd mot negativ energi, jordning, beskydd, rening, energisköldar.
Citrin: Manifestation, framgång, kreativitet, attrahera överflöd, lycka och positivitet.
Klar kvarts: Förstärkning av energi, klarhet, universell förstärkare, kan användas i all magi.
Lapis lazuli: Visdom, kommunikation, andlig kraft, tredje ögat, kunskap, andlig utveckling.
Obsidian: Skuggarbete, skydd, avslöja dolda sanningar, skydd mot negativ energi och introspektion.
Månsten: Intuition, cykler, feminin energi, fullmåneritualer, emotionell balans.
Tigers öga: Mod, styrka, skydd, framgång, manifestation, beslutsamhet, övervinna rädslor.

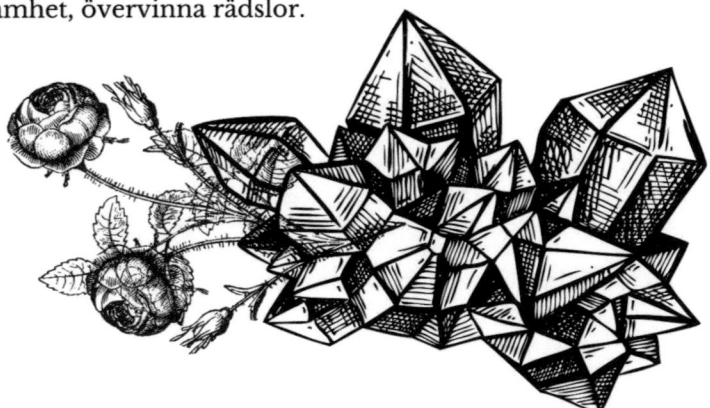

Hur du använder kristaller i magi

Ladda dina kristaller
- **Under månljus**: Perfekt under en fullmåne eller nymåne. Placera kristallerna utomhus eller på en fönsterbräda för att absorbera månens energi.
- **Med intention**: Håll kristallen i handen, fokusera på din intention och säg högt vad du vill att kristallen ska hjälpa dig med.
- **Med rökelse eller ljud**: Rena kristallerna med hjälp av rök från salvia, Palo santo, eller ljudvibrationer från en klangskål.

Skapa en kristallgrid

- Lägg ut kristaller i ett mönster som förstärker din intention (*till exempel. en cirkel, pentagram, eller blomma se bild på sidan 72*).
- Placera en huvudkristall i mitten (*ofta använder man en klar kvarts*) och omge den med andra kristaller kopplade till din intention. Visualisera din intention medan du aktiverar griden genom att peka med en stav eller klar kvarts och dra linjer mellan kristallerna.

Använd kristaller i ritualer
- **Beskydd**: Lägg svart turmalin eller obsidian vid dörrar och fönster för att hålla negativ energi borta.
- **Kärlek**: Placera rosenkvarts på ditt altare eller nära sängen för att stärka kärleksfull energi.
- **Healing**: Håll en ametist eller lägg den på pannan för att lugna sinnet och släppa stress.

Bär kristaller med dig
- Använd kristaller som smycken eller bär dem i fickan för att ha deras energi nära under dagen. Citrin kan placeras i din plånbok för att attrahera pengar och överflöd.

Kristallvatten (*försiktighet krävs!*) Gör kristallvatten genom att placera rena, icke-giftiga kristaller (*som rosenkvarts eller ametist*) i ett glas vatten för att ladda det med deras energi. Drick det sedan.

OBS: Vissa kristaller är giftiga i vatten, som selenit, malakit och pyrit, så gör noggrann research innan du försöker att göra detta.

Ritual för att förstärka din intention med kristaller

- **Förbered**: Rena din arbetsyta med rökelse eller ljud.
- **Sätt din intention**: Håll kristallen i handen och säg tydligt vad du vill manifestera.
- **Placera kristallen**: Lägg kristallen på ditt altare, i en kristallgrid eller bär den med dig.
- **Förstärk med ljusmagi**: Tänd ett ljus i en färg som motsvarar din intention och placera kristallen bredvid ljuset.

KRISTALLGRID

MALL - LÄGGA UT KRISTALLERNA HUR DU VILL - RITA AV PÅ ETT A4

KRISTALLMAGI 1

Ritual för romantisk Kärlek - Självkärlek

Vad du behöver

- **Kristaller**: Rosenkvarts, månsten, ametist
- **Ljus**: Ett rosa ljus (*för kärlek*) eller vitt ljus (*för ren och universell kärlek*)
- **Eterisk olja**: Ros eller lavendel
- **Extra**: En spegel (*för självkärlek*) eller en lapp med ditt eller en partners namn

Steg-för-steg

- **Skapa en helig plats**: Tänd rökelse eller salvia för att rena rummet och ditt sinne.
- **Ladda kristallerna**: Håll kristallerna i handen och säg: "*Dessa kristaller bär kärlekens energi. De drar till sig harmoni, självkärlek och glädje.*"
- **Sätt intentionen**: Smörj ljuset med rosenolja (*från botten till toppen*) och säg: "*Lågan av detta ljus förstärker min kärlek, inifrån och ut.*"
- **Placera kristaller**: Lägg kristallerna runt ljuset i en cirkel. Om du använder en spegel, placera spegeln bakom ljuset och titta på dig själv när du uttalar din avsikt.
- **Affirmation**: När du tänder ljuset, säg: "*Kärleken är min, den omger mig och strålar ut i världen. Jag är värdig kärlek och harmoni.*"
- **Meditera**: Sitt i stillhet i några minuter medan du visualiserar rosa ljus som strålar från kristallerna och fyller ditt hjärta.

Ritual för Beskydd - Vad du behöver

- **Kristaller**: Svart turmalin, obsidian, ametist
- **Ljus**: Ett svart ljus (*för beskydd) eller vitt ljus (för rening*)
- **Salt**: Havssalt eller bergsalt
- **Extra**: En liten burk eller påse

Steg-för-steg

- **Skapa en helig plats**: Sprid lite salt i en cirkel runt där du ska arbeta. Detta skapar en skyddande barriär.
- **Ladda kristallerna**: Håll kristallerna och säg: *"Ni skyddar mig från allt ont och avleder all negativ energi."*
- **Förbered ljuset**: Smörj det svarta ljuset med olja och visualisera hur det absorberar alla negativa krafter som omger dig.
- **Placera kristaller**: Lägg dem i en burk eller påse med lite salt. Håll den framför ljuset och säg: *"Denna magiska skyddssköld håller mig säker från alla faror, synliga och osynliga."*
- **Besvärjelsen**: När du tänder ljuset, visualisera en sköld av ljus runt dig och säg: *"Skyddet är starkt, inget kan tränga igenom. Min energi är säker och fred råder."*
- **Placera burken eller påsen**: Förvara den nära din ytterdörr, under din kudde, eller bär den med dig.

Ritual för Överflöd - Vad du behöver

- **Kristaller**: Citrin, pyrit, grön aventurin
- **Ljus**: Ett grönt ljus (*för tillväxt*) eller guldljus (*för pengar och framgång*)
- **Mynt eller sedlar**: För att förstärka intentionen
- **Extra**: En skål eller burk
- **Skapa en helig plats**: Lägg ut ett tyg i grönt eller guld som underlag.
- **Ladda kristallerna**: Håll kristallerna och säg: *"Dessa stenar bär överflödets vibrationer och öppnar vägar för rikedom och framgång."*
- **Förbered ljuset**: Smörj ljuset med en eterisk olja som kanel eller apelsin för att förstärka energin av välstånd.
- **Placera föremål**: Lägg kristallerna runt ljuset tillsammans med mynt eller sedlar i en cirkel.
- **Affirmation**: När du tänder ljuset, säg: *"Jag är en magnet för överflöd. Välstånd och framgång flyter till mig enkelt och fritt."*
- **Visualisera**: Föreställ dig själv omgiven av överflöd – oavsett om det är pengar, möjligheter eller lycka. Se detta som en verklighet.
- **Placera burken**: Efter ritualen kan du lägga kristallerna och mynten i en burk och förvara den på en plats som representerar överflöd, till exempel nära din plånbok eller på ditt altare.

Ritual för att ta bort olycka - Vad du behöver

- En svart turmalin eller obsidian (*för att absorbera negativ energi*).
- En ametist eller rökig kvarts (*för att omvandla energin till positiv*).
- En vit ljus (*symboliserar rening*).
- En skål med salt (*havssalt eller bergsalt*).
- Rökelse (*till exempel. salvia eller Palo santo*).

Steg-för-steg

Rena din plats och energi
- Tänd rökelse och rena rummet där du ska utföra ritualen.
- Fokusera på att låta röken ta bort all tung energi.
- Håll kristallerna i röken och säg: "*Jag renar dessa kristaller från allt som inte tjänar mig och förbereder dem för att bryta olyckans mönster.*"

Förbered skålen med salt
- Placera saltet i en liten skål. Salt fungerar som en kraftfull renare och drar till sig negativ energi.

Placera kristallerna
- Lägg den svarta turmalinen (*eller obsidianen*) i skålen med salt. Detta kommer att dra ut och absorbera olyckan och negativa energier.
- Placera ametisten eller rökiga kvartsen bredvid skålen för att omvandla energin till positivitet.

Tänd det vita ljuset
- Tänd ljuset och säg: "*Ljuset från denna låga lyser upp min väg och bränner bort allt mörker och all olycka. Endast lycka, klarhet och positiv energi förblir.*"

Sätt intentionen
- Håll händerna över kristallerna och visualisera hur den negativa energin från dig eller din situation dras in i turmalinen och omvandlas av ametisten till en ljus, lycklig energi.
- Upprepa affirmationen "*All olycka lämnar mig nu. Jag är fri från negativa band och välkomnar lycka och harmoni in i mitt liv.*"

Avsluta ritualen
- Låt ljuset brinna ner (*eller släck det säkert*).
- Efter ritualen, begrav saltet utomhus (*för att skicka bort den negativa energin*) och tvätta kristallerna i rinnande vatten eller rök för att rena dem igen.

Daglig användning
- Bär svart turmalin med dig som en skyddsamulett.
- Placera en selenitstav på ditt nattduksbord för att rensa energin medan du sover.

KRISTALLMAGI II

Namn:	Namn:
För:	För:
Metod för användning:	Metod för användning:

Namn:	Namn:
För:	För:
Metod för användning:	Metod för användning:

Namn:	Namn:
För:	För:
Metod för användning:	Metod för användning:

Namn:	Namn:
För:	För:
Metod för användning:	Metod för användning:

Namn:	Namn:
För:	För:
Metod för användning:	Metod för användning:

Namn:	Namn:
För:	För:
Metod för användning:	Metod för användning:

SKAPA DIN EGNA
HÄXKVAST

Häxkvast (*även kallad besom*) Kvasten används traditionellt inom häxkonst för att rena energi, skydda hemmet och vid ceremonier.

Samla dina material
Du behöver: Ett handtag – En trästav eller gren, gärna från ett magiskt träd (*exempel: björk för rening, ek för styrka, rönn för skydd*).
Borstmaterial – Kvistar av björk, ljung, timotej eller annat naturligt material. Snöre, band eller tråd – Helst i naturmaterial som lin eller bomull. Dekorationer (*valfritt*) – Kristaller, runor, fjädrar, örter, sigill.

Förbered ditt material
Ladda handtaget, håll grenen i händerna och fokusera på din intention. Rena materialen, använd rökelse (*salvia, frankincense eller enris*) för att rena energin. Blöt borsten, om du använder kvistar kan du blöta dem i vatten så att de blir mer böjliga.

Montera kvasten
Placera kvistarna runt ena änden av staven, bind dem hårt med snöret – Knyt tre, sju eller nio varv (*magiska tal*). Låt den vila och torka i minst en dag för att stärka energin.

Ladda och välsigna kvasten
Håll kvasten och visualisera hur den fylls med magisk kraft.
Svep den i rök från rökelse eller örter.
Uttala en besvärjelse, exempelvis:
"*Med denna kvast renar jag,*
negativitet flyr förbi. Skydd och kraft i varje svep,
renar platsen, stark och djup."

Använd din häxkvast
Rening: Svep kvasten lätt över golvet eller i luften för att ta bort negativ energi.
Skydd: Placera den vid dörren för att hålla onda energier borta.
Ceremoniellt bruk: Använd den i ritualer för att skapa en magisk cirkel.

RÖNNHALSBAND FÖR SKYDD OCH VISDOM

Rönnträdet (*Sorbus aucuparia*) har länge ansetts vara ett heligt träd inom nordisk och keltisk tradition. Dess bär och träd används för skydd, visdom och andlig styrka. Prästinnor och rönnhalsband är en kraftfull amulett som de bär runt halsen för att stärka sin intuition, avvärja negativ energi och fördjupa kontakten med de gamla gudinnorna och naturens krafter.

Symbolik bakom rönnens magi Skydd – Rönn anses skydda mot onda krafter, svart magi och förbannelser. Andlig insikt – Hjälper bäraren att få klarare drömmar, starkare intuition och djupare insikter.
Gudinnans kraft – Förknippas ofta med gudinnor som Frigg, Idun och Hel.
Skapa ditt eget rönnhalsband Samla material: Plocka rönnbären när de är halv mogna intill röda (Låt alltid rönnbär finnas kvar på trädet för ny skörd nästa år). Trä rönnbären på ett snöre som pärlor, använd en stoppnål om du behöver göra hål, gärna innan de torkat. Använd dig av naturligt snöre av lin, bomull eller läderrem för att bevara energin.

Välsigna och aktivera halsbandet Rökelse – Använd enris, salvia eller lavendel för att rena och ladda halsbandet. Månljus – Låt det vila i fullmånens sken för extra energi. Besvärjelse – Om du vill, viska en skyddande formel, exempelvis:
"Rönnens kraft, gudinnans ljus,
skyddar mig dag som natt,
visdom, styrka, helig eld,
vägleder mig i denna värld."

Hur du använder ditt Prästinne-halsband
Bär det dagligen för skydd och inre styrka. Använd det i ritualer för att förstärka din kontakt med gudinnorna. Placera det vid din säng för att få drömbudskap och andlig vägledning. Eller på ditt altare för styrka och beskydd.

SKÖRDEDOCKA

Skördedockor är en gammal tradition som finns i många kulturer, där de används för att hedra skörden, tacka jorden och säkerställa fruktbarhet för kommande år. De är ofta gjorda av halm, vete, korn eller andra skörderester och formas till en mänsklig figur.

Skördedockans Historia
I nordiska och keltiska traditioner var skördedockor knutna till fruktbarhetsgudinnor och jordbrukscykler. I brittiska traditioner kallades de ibland för "*corn dollies*" och symboliserade skördens ande. I vissa områden trodde man att skördens ande bodde i de sista sädesstråna som skördades, och dessa formades då till en docka som bevarade andens kraft till nästa år.

Användning: Skyddsamuletter – En skördedocka kan placeras i hemmet för att bringa lycka och välstånd. Brännas vid höstdagjämningen. En tradition är att bränna dockan vid en höstceremoni som en tacksägelse och en symbolisk frigörelse av skördens ande. Offras vid vintersolståndet. I vissa traditioner begravs eller bränns dockan för att ge ny kraft till jorden inför nästa odlingssäsong. Hedra gudinnor, skördedockor kan användas i ritualer för gudinnor som Freja, Demeter eller Ceres, som förknippas med skörd och fruktbarhet.

Skapa din egen skördedocka
Samla halm, snören, band eller tråd. Du kan också använda torkade örter som lavendel eller rönnbär för extra magisk kraft.
Forma kroppen, bind halmen i mitten för att skapa ett huvud, och dela upp materialet för armar och kropp. Klä dockan i tyg, snören eller bind fast små runor för beskydd. Ladda dockan med energi, håll dockan i dina händer och sätt en intention – exempelvis välstånd, skydd eller tacksamhet. Skördedockor är en kraftfull symbol för naturens cykler och kan vara en vacker del av höstmagin!

AFFIRMATION
TA BORT OLYCKA

**Du kan använda denna affirmation under ritualen
eller som ett dagligt mantra**

*"Jag är fri från all negativitet och olycka. Jag släpper det förflutna och välkomnar en ny era
av ljus, lycka och harmoni. Universum leder mig mot framgång och positiva möjligheter. Jag
är skyddad och välsignad."*

Extra steg för ritualen

Använd en symbol för din intention: Om du vill förstärka energin ytterligare kan
du rita eller använda en symbol som representerar lycka, såsom

- Ett pentagram för skydd och balans.
- En fyrklöver eller en runa som Fehu *(för framgång och överflöd)*.
- Skriv symbolen på en liten pappersbit och lägg den under skålen med salt. När
  ritualen är klar kan du förvara denna pappersbit i din plånbok eller ett litet
  magiskt altare.

Lägg till månmagi

Utför ritualen vid en avtagande måne *(perfekt för att släppa negativa energier)* eller vid
en nymåne *(för att bjuda in en ny start)*.

Kristallbad eller dusch

Efter ritualen kan du rena din energi ytterligare genom ett kristallbad eller dusch

- Fyll badkaret med varmt vatten och tillsätt lite havssalt.
- Placera en ametist och en svart turmalin på badkarskanten eller intill dig.
- När du badar eller duschar, visualisera hur vattnet sköljer bort all otur och
  lämnar dig ren och fylld med ljus.
- Upprepa affirmationen medan du andas djupt.

Skapa en skyddsamulett

Efter ritualen, bär svart turmalin eller obsidian i en liten tygpåse *(gärna svart eller vit)*
tillsammans med lite salt och en lapp med affirmation som du skrivit. Bär påsen
med dig dagligen eller lägg den vid sängen för fortsatt skydd.

AFFIRMATION
DINA MAGISKA MÅL

Personliga mål	Finansiella mål	Lycka mål

Mål för det kommande året

Vad vill du dra till dig som du mår bra av	Vad vill du ta bort ur ditt liv

TAROT I HÄXPRATIKEN

Tarot är ett kraftfullt verktyg för häxor och magiska utövare, eftersom det kombinerar intuition, symbolik och energi för att ge vägledning, insikter och förstärker det magiska arbetet.
Här är en guide om du kan använda tarot i din praktik.

Tarotkorten och deras struktur: En tarotlek består vanligtvis av 78 kort som är uppdelade i två delar.
- **Stora arkanan** (*22 kort*): Representerar livets stora händelser, själsliga lektioner och djupa insikter.

Exempel: Magikern (*Manifestation, kraft*), Månen (*Intuition, illusioner*), Döden (*Transformation, avslut*)

- **Lilla arkanan** (*56 kort*): Representerar vardagliga situationer, känslor och relationer.

Uppdelat i fyra sviter som motsvarar de fyra elementen.
- **Stavar**
- **Bägare**
- **Mynt**
- **Svärd**

Hur du använder tarot i ditt kraft arbete: Tarot används inte bara för spådom utan också i magi och kraftarbete.

Spådom och vägledning
Dra kort för att få insikt om en situation, förstå din energi eller guida dig i beslut.

Exempel på frågor du kan ställa korten
- *"Vad behöver jag fokusera på idag?"*
- *"Vilken energi omger denna situation?"*

Ritualer och magi
- Stärka ritualer: Placera ett tarotkort på ditt altare som representerar din intention.

Exempel
Placera solen för att locka framgång och lycka, eller yttersta domen för avslut och transformation.

Tarotkort och magiska flaskor: Inkludera ett litet avtryck av ett kort (*till exempel*): Riddaren av mynt i en magiflaska eller i en burk för manifestation av överflöd. Eller andra kort som du ser är rätt att lägga ner i din flaska eller i en burk som symboliserar det du vill dra till dig. Du kan lägga ner örter, oljor mm som du anser passar in i det som framhäver din manifestation.

Meditation
Fokusera på ett kort för att fördjupa din förståelse av dess energi, res med ditt kort i meditationen. Se symboler inom dig när du mediterar med kortet. Håll det i din hand medan du blundar och slappna av.

Månritualer och tarot

- **Nymåne:** Dra kort för att sätta intentioner. Fråga: *"Vilken energi ska jag bjuda in?"*
- **Fullmåne:** Dra kort för att förstå vad du behöver släppa eller manifestera.

Skuggarbete
Använd tarot för att utforska dolda aspekter av dig själv eller förstå blockeringar.
- **Fråga:** *"Vad i mitt undermedvetna behöver jag bearbeta?"*

Tarot och elementen
De fyra sviterna i Lilla arkanan kopplas till elementen, som är centrala för häxkonst. Använd dessa element baserade fokus för att fördjupa dina tolkningar och ritualer.
- **Stavar** (*Eld*): Passion, kreativitet, handling.
- **Bägare** (*Vatten*): Känslor, intuition, relationer.
- **Mynt** (Jord): Stabilitet, överflöd, materiella frågor.
- **Svärd** (Luft): Tankar, kommunikation, intellekt.

Tarot och altararbete
Ett altare för tarot kan hjälpa dig fokusera och förstärka din magi.
- **Placera tarotkort:** Välj kort som symboliserar dina intentioner.
- **Kombinera med ljus:** Tänd ljus i färger som matchar kortens energi.
- **Örter och kristaller:** Använd örter eller kristaller som kompletterar kortens betydelse.

Exempel
Placera ametist bredvid månen för intuition, eller rosenkvarts med bägardrottningen för kärlek.

Tarot för specifika syften

- **Skyddsmagi**: Lägg djävulen eller tornet som symbol för att bryta negativ energi och skydda dig från skada.
- **Manifestation**: Använd magikern för att förstärka din vilja och skapa något nytt.
- **Healing**: Placera stjärnan för att främja hopp, healing och balans.
- **Kärlek**: Arbeta med kärleksparet för att förstärka kärleksmagi eller förbättra relationer.

Tarot läggningar för häxor

Här nedan är några tarotläggningar som kan vara användbara.

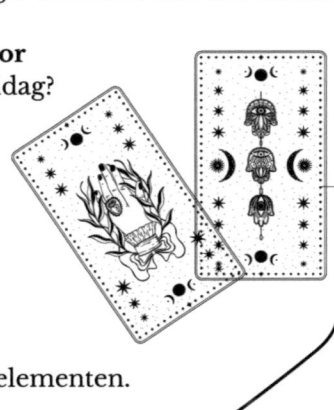

Daglig tre-korts-läggning - Frågor
- Vad behöver jag fokusera på idag?
- Vilken energi omger mig?
- Vad kan hjälpa mig?

Månfas-läggning - Tre kort
- Vad ska jag släppa?
- Vad ska jag manifestera?
- Vad ska jag lära mig?

Element - Fyra korts läggning
Dra fyra kort för att arbeta med elementen.
- **Eld:** Vad ska jag agera på?
- **Vatten:** Vad känner jag?
- **Luft:** Vad behöver jag tänka på?
- **Jord:** Vad ska jag skapa och grunda?

Tarot journal för ditt kraftarbete

Att föra en tarotjournal hjälper dig att följa din utveckling och fördjupa din förståelse för korten. Anteckna datum, kort, fråga och tolkning. Reflektera över hur kortens budskap visade sig i ditt liv.

Tips för dig som vill arbetar med tarot, rena din kortlek använd rökelse, salt, eller månljus för att rena din kortlek från oönskad energi. Lär känna korten, spendera tid med varje kort för att förstå dess energi och symbolik. Lita på din intuition, tarot är lika mycket en intuitiv konst som en symbolisk.

TAROTLÄGGNING MALL

Låt tarotkorten berätta vad som sker - Månad: _____

Dåtid	Nutid	Framtid

Namn på tarot leken:

Tolkning

_____

_____

_____

_____

_____

_____

_____

_____

_____

_____

_____

_____

_____

HÄXANS

ÖRTER OCH ETERISKA OLJOR

ÖRTER & ETERISKA OLJOR

Örter är ett centralt inslag i magiska praktiker, eftersom de bär
på naturliga energier som kan förstärka dina intentioner.
Här är en lista över vanliga örter och deras magiska användningsområden.

Rening och skydd
Salvia: Rening av negativa energier, skapar ett skyddande utrymme. Rosmarin:
Skydd, klarhet, förbättrat minne och energirening. Timjan: Skydd mot negativitet
och främjar mod. Basilika: Beskyddande, skapar harmoni i hemmet och lockar till
välstånd.

Kärlek och relationer
Rosenblad: Stärker kärlek, harmoni och självkärlek. Lavendel: Skapar lugn, lockar till
kärlek och hjälper vid drömmagi. Jasmin: För attraktion, kärlek och andlig koppling.
Kanel: Stärker passion, romantik och energi i relationer.

Överflöd och framgång
Mynta: Lockar till pengar, framgång och välstånd. Kanel: Främjar ekonomiskt flöde
och snabb manifestation. Dill: Skyddar materiella tillgångar och förstärker framgång.
Solrosblad: Positiv energi och överflöd.

Healing och harmoni
Kamomill: Lugnande, främjar helande och lycka. Pepparmynta: Stärker fysisk och
mentalenergi, hjälper vid stress. Citronmeliss: För in glädje, lugnar och stärker
emotionell balans. Eukalyptus: Renar energier, stärker andningen och helar
kroppen.

Intuition och andlighet
Mugwort (*Malört*): Främjar drömarbete, astralresor och intuition. Helig basilika:
(*Tulsi*): Andlig koppling, rening och skydd. Vänderot: Används i magi för astralresor
och drömförstärkning. Tallbarr: För jordning och andlig rening.

ETERISKA OLJOR & MAGI

Eteriska oljor är koncentrerade växtextrakt som bär på kraftfulla energier och kan användas i ritualer, magiska flaskor, bad eller som parfym för att förstärka intentioner.

För rening och skydd
Salviaolja: För energirening och att avlägsna negativ energi. Tea Tree: Rensar energi och skyddar mot dåliga influenser. Cederträ: Stärker skydd, jordning och spirituell rening. Frankincense: För andlig rening, meditation och beskydd.

För kärlek och attraktion
Ylang Ylang: Skapar romantik, sensuell energi och självkärlek. Rosenolja: Hjälper till med kärleksritualer och emotionell healing. Kanelolja: Förstärker passion och attraktion. Jasminolja: Används för att stärka kärleksband och andlig koppling.

För överflöd och framgång
Citrongräs: Drar till sig välstånd och rensar hinder för framgång. Apelsinolja: Främjar glädje, kreativitet och ekonomiskt flöde. Bergamott: Lockar till positivitet och materiellt överflöd. Patchouli: Används för att attrahera pengar och stabilitet.

För healing och harmoni: Lavendelolja
Lugnande, stressreducerande och helande. Eukalyptus: För fysiskhealing, andning och att rensa auror. Kamomillolja: Hjälper med emotionell balans och lugn. Pepparmyntsolja: Stimulerar energi, klarhet och healing.

För intuition och andlighet
Sandelträ: För meditation, drömarbete och andlig koppling. Salvia: För att öppna det tredje ögat och förstärka intuition. Myrra: Används för djup andlig koppling och skydd. Mugwortolja: Hjälper vid drömförstärkning och astralresor.

MAGISKA OLJOR OCH RÖKELSER I RITUALER

Rökelse och rening
Bränn örter som salvia, rosmarin eller lavendel för att rena utrymmen. Använd eteriska oljor i en aromalampa för att sprida energin i rummet.

Magiska flaskor och amuletter
Lägg örter och några droppar olja i en magisk flaska för att förstärka dina intentioner.
Till exempel kan du lägga till magiska örter eller rosenolja i en kärleksritual med rosenblad för att stärka ritualen lite extra. Smörja in amuletter med någon droppe olja för välgång och beskydd, har du en amulett med en liten gömma kan du lägga in lite magiska örter för beskydd.

Ritualbad
Tillsätt örter och några droppar eteriska oljor till ditt badvatten för att rena din energi eller stärka en intention.

Salvor och magiska oljor
Skapa dina egna oljor genom att blanda örter med en basolja (*till exempel jojoba eller mandelolja*) och tillsätta eteriska oljor. Smörj ljus eller använd som parfym.

Altardekoration
Placera örter och oljor på ditt altare för att förstärka dess energi.

ÖRTER

Vanliga namn:

Botaniskt namn:

Växtfamilj:

Används till magi:

Vanliga användningsområden:

Medicinsk användning:

Växande cykel:

Tvåårig ☐

Perenn ☐

Årlig ☐

Ätlig ☐

Giftig ☐

Hur och var den växer:

ÖRTER

Vanliga namn:

Botaniskt namn:

Växtfamilj:

Används till magi:	Vanliga användningsområden:
	Medicinsk användning:

Växande cykel:

Tvåårig ☐

Perenn ☐

Årlig ☐

Ätlig ☐

Giftig ☐

Hur och var den växer:

ÖRTER

Vanliga namn:

Botaniskt namn:

Växtfamilj:

Används till magi:

Vanliga användningsområden:

Medicinsk användning:

Växande cykel:

Tvåårig ☐

Perenn ☐

Årlig ☐

Ätlig ☐

Giftig ☐

Hur och var den växer:

_____
_____
_____
_____
_____
_____
_____
_____
_____

VÄXTER OCH ÖRTER
ANVÄNDNING

Rita örten	Namn på örten
	Latinska namnet på örten
Färgerna på örten	Familj örten tillhör

Ätlig ◯   Giftig ◯   Utrotningshotad ◯

Hur odlas örten:

Hur kan du använda örten:

Örten i magi:

VÄXTER OCH ÖRTER
ANVÄNDNING

Rita örten	Namn på örten
	Latinska namnet på örten
Färgerna på örten	Familj örten tillhör

Ätlig ◯   Giftig ◯   Utrotningshotad ◯

Hur odlas örten:

Hur kan du använda örten:

Örten i magi:

VÄXTER OCH ÖRTER
ANVÄNDNING

Rita örten

Färgerna på örten

Namn på örten

Latinska namnet på örten

Familj örten tillhör

Ätlig ◯   Giftig ◯   Utrotningshotad ◯

Hur odlas örten:

Hur kan du använda örten:

Örten i magi:

ÖRTENS LÄKANDE
EGENSKAPER

Smak	Energetik
Delar som används	Varm
Aktiva föreningar	Spänd / Fuktig / Neutral / Torka / Slapp / Kall

Örternas åtgärderder

Anteckna dina örters åtgärder

☐ Antidepressivt
☐ Antiinflammatoriskt
☐ Bättre sömn
☐ Ger energi
☐ Laxerande
☐ Lugnande
☐ Renande
☐ Stimulerande
☐ Slemlösande
☐ Tar bort rodnande
☐ Uppmjukande
   för leder

☐ ☐
☐ ☐
☐ ☐
☐ ☐
☐ ☐
☐ ☐
☐ ☐
☐ ☐
☐ ☐
☐ ☐
☐ ☐

SPECIFIKA INDIKATIONER

ÖRTENS LÄKANDE
EGENSKAPER

Smak	Energetik
Delar som används	Varm
Aktiva föreningar	Spänd — Fuktig
	Neutral
	Torka — Slapp
	Kall

Örternas åtgärderder

Anteckna dina örters åtgärder

☐ Antidepressivt
☐ Antiinflammatoriskt
☐ Bättre sömn
☐ Ger energi
☐ Laxerande
☐ Lugnande
☐ Renande
☐ Stimulerande
☐ Slemlösande
☐ Tar bort rodnande
☐ Uppmjukande för leder

☐ ☐
☐ ☐
☐ ☐
☐ ☐
☐ ☐
☐ ☐
☐ ☐
☐ ☐
☐ ☐
☐ ☐
☐ ☐

SPECIFIKA INDIKATIONER

ÖRTENS LÄKANDE EGENSKAPER

Smak	Energetik
Delar som används	Varm
	Spänd / Fuktig
Aktiva föreningar	Neutral
	Torka / Slapp
	Kall

Örternas åtgärderder

Anteckna dina örters åtgärder

- ☐ Antidepressivt
- ☐ Antiinflammatoriskt
- ☐ Bättre sömn
- ☐ Ger energi
- ☐ Laxerande
- ☐ Lugnande
- ☐ Renande
- ☐ Stimulerande
- ☐ Slemlösande
- ☐ Tar bort rodnande
- ☐ Uppmjukande för leder

☐ ☐
☐ ☐
☐ ☐
☐ ☐
☐ ☐
☐ ☐
☐ ☐
☐ ☐
☐ ☐
☐ ☐
☐ ☐

SPECIFIKA INDIKATIONER

ÖRTERNAS EGENSKAPER
NOTERINGAR

Örter	Egenskaper	Köp frön växter hemsida

Favorit örter	Favoritförsäljare

ÖRTERNAS EGENSKAPER
NOTERINGAR

Örter	Egenskaper	Köp frön växter hemsida

Favorit örter	Favoritförsäljare

ÖRTERNAS EGENSKAPER
NOTERINGAR

Örter	Egenskaper	Köp frön växter hemsida

Favorit örter	Favoritförsäljare

81 MAGISKA ÖRTER OCH TRÄD

(A)

Aconite: Använd Aconite som en magisk rening för rituella verktyg och olika utrymmen. Bär som en amulett för skydd mot det som suger energi. **Obs: Giftig, konsumera inte.**

Adam och Eva Rot: Används huvudsakligen av älskare; en älskare bär Evaroten och den andra älskaren bär Adamroten.
Detta håller din älskare trogen mot dig och avskräcker rivaler.
Bär alltid båda rötterna i en liten påse för attraktion, för att ge dig kärlek eller ge bort till en du vill ge ett äktenskapsförslag till.

Afrikansk violett: Andlighet, skydd och helande. Bär i en amulett för skydd. Används öka andligheten när du arbetar med andra sidan. Bränns ofta som rökelse under vårdagjämningens sabbat.

Agar Agar: Främja glädje och framgång, locka möjligheter och välsignelser till hushållet. Blanda med Fast Luck-pulver och gnugga på händerna innan du ska spela på något som hästar, lotto mm. Kan användas när du vet att det kan behövs en lite extra framgång.

Agrimony: Att övervinna rädsla och inre blockeringar; skingra negativa känslor. Används även för att vända besvärjelser. Sy till en drömkudde med muggört för bästa resultat. Använd som renande olja för att öka effektiviteten av alla former av helande ritualer. Avvärjer onda varelser och giftiga energier från dem som tänker negativt om dig.

Akacia: Skydd, psykisk och andlig förbättring, pengar, platonisk kärlek och vänskap. Använd för att smörja ljus och rökelsekar och för att helga kistor eller lådor som innehåller rituella verktyg. Använd i rökelse för att främja ett meditativt tillstånd.

Al: Förknippas med spådom, musik, poesi, vindmagi, vädermagi, undervisning och beslutsfattande. Används även i ritualer om död för att ge skydd åt den avlidne

Alkanet: Rening, välstånd. Skyddar mot ormbett och hjälper till att lindra rädsla för ormar. Bränn som en rökelse för att ersätta negativitet med positiv påverkan.

Aloe: Skydd och tur. Placera på en älskads grav för att främja fridfull energi. Lindra ensamhet och hjälpa till med framgång. Häng i hemmet för att locka lycka och skydd för dem som bor där. Odla växten i hemmet för att ge skydd mot hushållsolyckor. Bränn på natten vid fullmåne för kärlek, dra till dig en ny älskare vid nymånen.

Althea Root: Bränn eller placera i en påse för att ge skydd, lugna en arg person och hjälpa psykiska krafter. Lägg på altaret eller bränn för att locka till sig gott humör.

Alyssum: Skydd och ger styrka, dämpar ilska som finns inom dig eller riktas mot dig, ger dig beskydd. Du kan ge detta till en som behöver lugnet och beskydd.

Amaranth: Healing, framkallar andar, healing av brustna hjärtan, skydd mot attacker från personer eller andar som du inte ser och ger dig en inre syn på det som är osynligt för dig, så du kan se vad som attackerar dig.

Ambra: Förbättra drömmar och psykiska satsningar, locka till kärleken hos en ny partner.

Arabiskt gummi: Skydd, psykisk och andlig förbättring, pengar, platonisk kärlek och vänskap. Använd för att smörja ljus och rökelsekar och för att helga kistor eller lådor som innehåller rituella verktyg. Använd i rökelse för att främja ett meditativt tillstånd.

Angelica: Mycket kraftfull skyddsört - skyddar mot negativ energi och attraherar positiv energi, skapar en barriär mot negativ energi.
Använd i healing &exorcism rökelser, spridning för rening, skydd. Lägg till rökelse för att främja läkning eller i badet för att ta bort förbannelser, magi eller besvärjelser. Strö mald ört i skorna för att förhindra trötthet och svaghet. Strö runt hemmet för skydd mot onda andar. Bränn för att föra tillbaka en förlorad kärlek till dig.

Anis: Används för att hjälpa till att avvärja det onda ögat, hitta lycka och stimulera psykisk förmåga. Fyll en kudde med anisfrö för att förhindra störande drömmar. Använd för att åkalla Merkurius och Apollo. Perfekt för aromaterapi, används i reningsbad med lagerblad. En kvist anis hängd på sängstolpen kommer att återställa förlorad ungdom. Används i skydd och meditation som rökelser.

Aprikos: Kärleks frukten. Lägg till blad och blommor till kärlekspåsar med torkad aprikos eller bär aprikosstjärnan för att locka till sig kärlek.

Asofoetida: Skydd och förvisande negativitet. Bränd för att tvinga någon att lämna dig ifred. Var uppmärksam på att denna ört är kraftfull, och har en fruktansvärd dålig lukt när den bränns. Vädra efter du bränt denna ört!

Arnica blommor: Ökar mediala krafter, lägg i påsar och ge bort till dem du vill ska utvecklas medialt, eller använd själv för att stärka dina mediala förmågor. Barn med mediala förmågor, lägg på en plats i deras rum så lugnar andevärlden ner sig och ger barnen beskydd från beskyddare på andra sidan. Be om att barnet ska vara tryggt och öppna upp sina mediala förmågor när barnet kan bestämma själv att se andra sidan.

Ask (Trädet Ask): Havsbesvärjelser/magi/ritualer, bildmagi, oövervinnlighet, skydd mot vatten om du har vattenskräck,
allmänt skydd och tur. Att bränna en gren av ask vid juletider ger välstånd. Bladet på denna trädväxt används även vid resor för trygghet.
Placera en matsked torkad askblad i en skål med vatten i sovrummet
över natten, släng sedan ut på morgonen. Att göra detta dagligen sägs förhindra sjukdom.

Asp (Trädet Asp): Vältalighet, klärvoajans, helande och stöldskydd. Plantera ask träd i din trädgård för skydd mot tjuvar så du alltid är skyddad i ditt hem mot inbrott och tjuvar. Personer som tar av dig som du misstänker stjäl av dig kan inte gå över tröskeln hemma hos dig. De försöker men de kan ej träda över! Ta kvistar av Aspen och ge bort till någon som du vill ska ha beskydd hemma.

Aster: Kärleksblomma, ger visdom, tro och sätter färg på din tillvaro. Plantera Aster blomman på balkongen eller i din trädgård, de blommar i rosa, rött, vitt, lila som ger lycka i ditt hem.
Denna blomma är en symbol för kärlek. Placerades på ditt altare för rening och dra till dig allt du önskar dig. Torka blombladen och bevara i en burk för kommande kärleks ritualer.

Avokado: Kärlek, ger lust och stärker din skönhet. Används inom sexmagi, blanda in i en sallad eller maträtt servera din partner som ger energi. Tvätta dig med avokado olja innan du går till sängs med en partner förstärker lusten och ger förstärkande känslor.

Astragalus rot: Skyddar ger energi att klara av svåra situationer i livet. Använd 1 tesked astragalus pulver i ditt te och drick två gånger per dag, börja gärna med en lägre dos och öka allt eftersom. Pulvret kan även blandas ner i en god smoothies. Astragalus bör undvikas av kvinnor som planerar att bli gravid, är gravid eller ammar.
Fungerar antiinflammatoriskt, stärker immunsystemet.
Stimulerar sårläkning, lindrar symtom från förkylningar och influensa, milt urindrivande.

Azalea: Ger styrka, Lycka, munterhet hos bittra personer som du upplever sura eller bittra, ta med i en påse på arbetet, om du har en bitter kollega, du kommer märka att personen ändrar beteendet, dra till dig kärleken med att bära Azalea och ett hjärta i en påse i handväskan när du ska på dejt.
Obs: Giftig, konsumera inte.

(B)

Balsam av Gilead-tårar: Kärlek, manifestationer, skydd, helande, avstressande och hjälpa till med helande från förlusten av en älskad. Använd i kärlekspåsar, bär för helande, skydd och laga ett brustet hjärta. Använd för ljusmagi för någon form av magisk healing. Bränn för att locka till dig lycka, kärlek eller det du vill ha in i ditt liv.

Blålusern: Pengar, välstånd, stillar hunger. Ställ en liten burk i skåpet eller skafferiet för att avvärja fattigdom och hunger. Bränn i en kittel och använd askan i amuletter för att skydda mot hunger och fattigdom.

Bärnsten: Skydd mot skada, yttre påverkan och psykiska attacker. Mental klarhet och fokus, förvandla negativ energi tillpositiv energi.

Balmony: En växt i fikonörts familjen som mals och används för magi. Stabilitet, tålamod och uthållighet.

Balsamgran: Styrka och bryta upp negativitet, ger insikt, framsteg mot mål och att åstadkomma förändring. Balsamgranens grenar kan brännas på träkol som en rökelse och är också en bra ingrediens i påsar, lägga i kuddar för bra sömn.

Bambu: Häxmagi, önskningar, tur och skydd. Skär en önskan i bambun och begrav den i ett avskilt område för att förverkliga din önskan. Bär en bit bambu för lycka.

Björk: Skydd, exorcism och rening. En björk som planterats nära hemmet sägs skydda mot fiender som vill dig illa, infertilitet och det onda ögat.

Bistort: Fertilitet, spådom, klärvoajans, andliga krafter. Bär i en påse för fertilitet och befruktning. Lägg till valfri örtblandning för att öka spådomen, bränn som rökelse under spådom eller för att förstärka dina krafter. Bär i en gul väska för att locka till sig rikedom och lycka. Strö en hand av bistor runt hemmet för att driva ut onda andar.

Berberis: Rening, trolldom, försoning, att befria sig från en annans makt eller kontroll, bryter magi som någon lagt på dig.
Lägg i en påse öppet hemma hos dig för beskydd.

Basilika: Kärlek, rikedom, sympati och skydd, tar bort rädsla.
Driver bort fientliga andar. Gå framåt på ett positivt sätt trots farlig fara, strö på golv för att ge skydd mot ondska. Strö basilika utanför byggnaden där du hoppas bli anställd för tur i en anställningsintervju (var försiktig så att du inte syns när du strör ut basilikan!) eller strö runt eller i ditt företags kontor för att locka pengar och framgång. Bär en liten påse med Basilika i plånboken för att hjälpa till att locka pengar och välstånd.

Ⓒ

Cayenne: Att hantera separationer eller skilsmässa.
Rengöring och rening: Stöter bort negativitet, påskyndar effekten av alla blandningar som den tillsätts.

Ceder: Förtroende, styrka, kraft, pengar, skydd, helande och rening. Används vid invigningen av trollstavar. Bär en liten bit ceder i plånboken eller nära pengar för att locka till sig rikedom. Häng i hemmet för att skydda mot blixtnedslag, använd i påsar för att främja lugnet.

Cederbär: Användningsområden inkluderar stöldskydd och avstötande av ormar. Kallas även: Enbär

Cascara Sagrada: Juridiska frågor, trollformler och skydd mot magi, strö en infusion av örten runt hemmet kvällen före rättegången, för att hjälpa dig att vinna ett rättsfall. Bär som en amulett för skydd mot ondska och magi, bär eller förvara i en skål på ditt altare eller bord för att hjälpa dig att koncentrera dig.

Carob: Hälsa och skydd, används till skydds amuletter och magiska magi påsar som du kan förvara på en säker plats för beskydd hemma, mot negativa personer, när du besöker eller får besök av andra som har dåliga energier som kan påverka din hälsa.

Citronella: Dra vänner till hemmet, kunder till företaget. Främjar vältalighet, övertalningsförmåga och välstånd. Skyddar och rengör auran, uppmuntrar självuttryckandet och kreativitet (*bra för författare och skådespelare!*) och ger klarhet till sinnet, avvisar insekter och deodoriserar.

D

Drakens blod - Drakblod: Skydd, energi och rening, bränn som en rökelse för att öka styrkan av en besvärjelse. Har starka fördrivande krafter mot negativ påverkan och dåliga vanor. En nypa under madrassen tros förhindra impotens. Används som en form av magiskt bläck. Bär eller strö runt i hemmet eller affärsstället för att driva bort negativitet. Bär i amulett för lycka.

Dulse: Lust, harmoni i hemmet, havsritualer och lugnande havsvindar. Kasta i havet eller sjön för att få havsandarna att sända fred din väg. Likaså, kasta från ett högt ställe för att få vindandarna att sända fred. Lägg i hemmet för att framkalla harmoni.

E

Ekollon: Lycka till, skydd, visdom och personlig kraft. Ett torkat ekollon är en utmärkt naturlig amulett för att behålla ett ungdomligt utseende.

F

Frossa: Skydd, magi brytande, används i amuletter för att skydda mot ondska. Blanda med rökelse och bränn för att bryt magi eller onda ögat som har placerats mot dig.

Feverfew: Skydd mot olyckor och förkylning/influensa. Lindrar migrän. Använd i berlocker eller påsar för kärleksmagi eller andlig helande. Förvara blommor i resväskan eller bilen när du reser. Feverfew tillhör tusenskönafamiljen.

Fikon: Spådom, fertilitet och kärlek, placera en gren framför dörren innan du reser för att säkerställa en säker retur. Skriv en fråga på ett fikonblad. Om bladet torkar långsamt är svaret ja, annars är svaret nej.

Fikonört: Magiska balsam, hus och företag välsignelse, skydd för hemmet. Bär runt halsen för hälsa och skydd mot det onda ögat.

(G)

Grapefrukt: Rengöring och rening, använd i ditt skurvatten och tvätta dina golv, blanda grapefrukt saft i en sprutflaska med vatten och använd som en auratvätt på dig själv eller på dina möbler där du brukar sitta.

Grusrot: Används för att öka chanserna att få jobb, hjälper en i tider av nöd. Användbar som ett altaroffer, särskilt under kärleksmagi, bränn eller strö runt huset för att lindra disharmoni i hemmet eller ta bort spänningar. En infusion av örten gnids på sängkarmen även på sängbenen sägs det förbättra sexlivet.

Guinea paprika: Magi och förbannelse, torka eller köp torkad Guinea paprikapulver, används i olika ritualer för att förvisa negativa energier som riktas mot dig. Det som sänts till dig sändes tillbaka till den som utfört förbannelsen.

Gummi arabiskt: Skydd, psykisk och andlig förbättring, pengar, platonisk kärlek och vänskap. Använd för att smörja ljus och rökelsekar, för att helga kistor eller lådor som innehåller rituella verktyg. Använd i rökelse för att främja ett meditativt tillstånd.

(H)

Huggorms tunga: Stoppar skvaller och förtal, främjar helande. Heligt för ormgudinnor, används i spådom, helande magi, månmagi och drömmagi.

Hagtorn: Magiska användningar inkluderar kyskhet, fertilitet, magi, och återfödelse. Används även för framgång i frågor som rör karriär, arbete och anställning. Placera runt sovrummet eller bär för att upprätthålla eller upprätthålla kyskhet eller celibat.
Heligt för häxan och används för att dekorera majstänger eller andra rituella redskap. Används vid bröllop och handfästningar för att öka fertiliteten. Bär under fiske för att säkerställa en bra fångst. Bär för att främja lycka och skydda mot blixtnedslag. Håll dig i ett hus för att stöta bort spöken och onda andar. En infusion av örten som används för att tvätta golv tar bort negativa vibrationer.

Korn: Kärlek, helande och skydd, skördar in det du vill ha i livet.
Strö på marken för att hålla ondskan på avstånd.
Bind kornhalm runt en sten och kasta i en flod eller sjö medan du visualiserar
all smärta du har för att få smärtan att försvinna.

Kryddpeppar: Pengar, tur, helande, skaffa skatter,
ger extra beslutsamhet och energi till alla trollformler och ritualer. Bränn
krossad kryddpeppar för att locka till sig tur och pengar. Använd i örtbad för
läkning, koka 5 kryddpeppar i en liter vatten låt svalna och drick en timma
innan sömn vid förkylning, lindrar hosta och är lugnande.

Kanel: Andlighet, framgång, helande, skydd, kraft, kärlek, tur, styrka och
välstånd. Bränn som en rökelse eller använd i en påse för att höja andliga och
skyddande vibrationer, dra pengar och stimulera psykiska krafter. En populär
ört för användning i berlocker för att dra pengar och välstånd. Bär en amulett
för att skapa passion.

Kokos: Kyskhet, skydd och rening, lägg riven kokos i en tygpåse och bevara
på en plats för rening, eller ha med dig som beskydd.

Klöver - röd: Lägg i badet för att hjälpa till med ekonomiska
arrangemang. Används även i trolldrycker för lust, används i påsar
eller rökelse för pengar, kärlek, trohet, framgång och tur. Skyddar och
välsignar husdjur. Används vid invigning av rituella verktyg gjorda av koppar.

Klöver - Vit: Trohet, skydd, pengar, kärlek och framgång.
Stark association med jorden, användbar för att inviga både pentagram och
rituella verktyg gjorda av koppar. Bär som en amulett eller använd i påsar för
tur, locka pengar, trohet, bibehålla mental skärpa och/eller skydd. När den
odlas utomhus, tros det hålla ormar borta från tomten. Strö runt i hemmet
för att ta bort negativa andar.

Kattmynta: Heligt för Bast; bör användas i alla ritualer som involverar katter
eller kattgudar. Använd med rosenblad i kärlekspåsar, använd i dospåsar och
trollformler utformade för att förstärka skönhet eller lycka. Ger skydd när du
sover. Blanda med Drakblod för att bli av med ett beteendeproblem eller
dålig vana. Bränn kattmynta för kärleksmagi och häng nära hemmet eller
häng över dörren för att locka till sig gott humör och tur.

L

Laurel: Kärlek och skydd. Bärs av brudar för att garantera ett långt och lyckligt äktenskap.

Lagerblad: Skydd, lycka, framgång, rening, styrka, helande och psykiska krafter. Skriv önskningar på löven och bränn sedan löven för att önskningarna ska gå i uppfyllelse. Placera under kudden (eller i kuddens stoppning) för att framkalla profetiska drömmar. Placera i hörnet av varje rum i huset för att skydda alla som bor där. Bär lagerblad i väskan eller i dina kläder för att skydda dig mot svart magi. Skriv önskningar på bladen och bränn för lycka.

Ljung: Skydd, tur och odödlighet. Doppa ljung i vatten och strö runt det i en cirkel för att få regn. Bär påsar eller berlocker för att skydda mot onda människor och andra våld personer.
Häng eller använd i hemdekorationer för att främja fred.
Bränn med ormbunke för att få regn.

Linden Blommor: Används i kärleksbesvärjelser/blandningar och skyddsbesvärjelser och rökelser. Blanda lika delar Linden och Lavendelblommor och lägg i en påse under ditt örngott för att lindra sömnlöshet. Håll Linden på ett bord för att frigöra de energier som behövs för att hålla andan vid liv och frisk.

Lavendel: Magiska användningsområden inkluderar kärlek, skydd, helande, sömn, rening och frid, främjar läkning från depression.
Bra i sömnkuddar och badformler. Tros bevara kyskheten när den blandas med rosmarin. Bränn blommorna för att få sömn och vila, och sprid sedan askan runt hemmet för att skapa lugn och harmoni. Använd trollformler och påsar i kärlek, särskilt för att locka till dig män eller kvinnor.

Lotus: Kärlek, skydd, psykisk öppning och andlig tillväxt.
Heligt för egyptiska gudar, indiska gudar, Hermes, Oshun och Osiris.

Lotus rot: Bär på dig en lotus rot för att hålla dina tankar trevliga och rena, markera på roten med en nål, ena sidan "Ja" och den andra "Nej", släng sedan roten i luften när du gör en önskan för att ta reda på om önskan kommer att gå i uppfyllelse. Om roten hamnar med ja sidan upp eller nej sidan upp, har du fått ditt svar på din önskar går uppfyllelse.

(M)

Mandel: Visdom, pengar, fruktsamhet och välstånd, åberopar gudarnas helande energi. Ger magisk hjälp för att övervinna beroenden och beroende. Förknippas med Kyndelmäss och Beltane. Bär mandeln på dig eller använd som rökelse för att locka till sig överflöd.

Muskot: Magi användningsområden inkluderar att locka pengar/välstånd, bringa tur, skyddar mot ondska. Inkludera i pengar magi och påsar. Bär som en lyckobringare och/eller för att öka intellektet. Strö muskotpulver på gröna ljus för välstånd.

Myrten: Kärlek, fertilitet, ungdom, fred och pengar, bär myrtenblad för att locka till sig kärlek, bränn som en rökelse för att ge skönhet. Bär myrten medan du förbereder kärleksbesvärjelser/blandningar för att öka deras avsikt. Bär på dig för att attrahera sann vänskap. Använd i påsar för att säkerställa en fridfull och kärleksfull atmosfär.

Myrra: Andlig öppning, meditation och healing, denna ört har höga psykiska vibrationer som förstärker allt magiskt arbete. Bränn som en kraftfull rökelse för att skapa fred och för invigning, och välsignelse av talismaner, berlocker och magiska verktyg.
Ökar kraften hos alla rökelser som den är en del av.
Bränns vanligtvis med rökelse.

(N)

Nässla: Magiska användningar inkluderar att skingra mörker och rädsla, stärka viljan och hjälpa till med förmågan att hantera nödsituationer. Strö i hemmet för att driva bort ondska och negativitet. Bär i en påse eller använd med en ventil för att vända tillbaka en besvärjelse på den som kastade den. Strö på dig själv för att ta bort små svartsjuka, skvaller, avundsjuka och obekväma situationer.

Nejlika: Skydd, styrka, helande, förstärkande magiska krafter och uppnå balans. Bränn för att öka kreativiteten. Använd i bad, krossa nejlika till pulver i badet för att ge ett lugn och tar bort stress.
Koka nejlika och drick, som ett kvälls te för bättre sömn.
Hämmar även mardrömmar.

Nypon: Används i helande besvärjelser och blandningar, ger lycka, kallar på gott humör. Används i te eller i magiska ritualer för att dra till sig lyckan, blanda tillsammans med rosenblad för extra krydda i lycka och gör ett gott te som du dricker för att dra till dig det du önskar.

Ormbunke: Mental klarhet, rensning, rening och skingra negativitet. Placera en ormbunksblomma i ett rum där du studerar för att hjälpa koncentrationen. Bränn en kvistormbunke innan ett prov. Använd i påsar och amuletter för kraftfullt auriskt skydd.

Odört: Använd för att paralysera en situation, används för osämja, förbannelser, sorg. Obs: Mycket giftig, konsumera inte.

Pilrot: Rening och helande, kan användas som ersättning i stället för kyrkogårdsjord. Används endast när du ska rena dåliga energier!

Svart Cohosh: Kärlek, mod, skydd och styrka, använd i kärlekspåsar eller i badet för att förhindra impotens. Bär i fickan eller amulett för mod och/eller styrka. Strö runt i ett rum för att driva bort det onda. Tillsätt örten i badvattnet för att säkerställa ett långt och lyckligt liv. Bränns som en kärleksrökelse. Lägg i en lila påse för att skydda dig mot olyckor och plötslig olycka och för att hindra andra från att göra dig ont.

Sparris: Används när du vill dra till dig en sexuell par^ner (Använd endast färsk sparris/sort spelar ringen roll) ät även den kokade Sparrisen, ta spadet från kokningen använd när du duschar eller badar. Skriv ner på ett papper om du vill dra till dig en person du känner, (namnet) eller en sexpartner. Tvätta dig med sparrisspadet. och lägg dig sedan naken och tänk på personen. Detta är endast att dra till en sexuell partner och inte kärleksförhållande.

Ögontröst: Bär denna ört på dig, för att öka din psykiska förmåga, förbättrar minnet, uppmuntrar rationalitet och ökar ditt positiva synsätt. Bär även med dig för att ge dig en humoristisk och ljus syn när livet verkar mörkt och negativt.

EXTREMT GIFTIGA ÖRTER

Det finns många användbara örter på internet.
Örterna ska vara ogiftiga om det ska använda till förtäring eller till rökelser.
Viktigt att läsa om de örter du själv plockar ute i naturen.

Om du misstänker du eller någon annan förtärt (**Ätit**) en giftig ört ring 112 för rådgivning! Ta med växten till sjukhuset om du behöver vård.

**Några extremt giftiga örter och växter som inte ska förtäras
eller användas som rökelser som finns i vår natur och växer vilt.**

Belladonna, Besksöta, Bolmört

Fingerborgsblomma, Giftsumak "Poison Ivy"

Gullregn, Idegran, Jätteloka, Klänglilja

Liljekonvalj, Odört "Hemlock" Spikklubba

Sprängört, Stormhatt, Tidlösa, Änglatrumpet

FÖRBEREDELSER

Användningsformer

Dosering / Varaktighet

Försiktighetsåtgärder och kontraindikationer

Anteckningar

FÖRBEREDELSER

Användningsformer

Dosering / Varaktighet

Försiktighetsåtgärder och kontraindikationer

Anteckningar

FÖRBEREDELSER

Användningsformer

Dosering / Varaktighet

Försiktighetsåtgärder och kontraindikationer

Anteckningar

NOTERA DINA EGNA
ETERISKA OLJOR

Skapad	Namn	Bra till	Ätlig	Giftig

SALVOR & HUDKRÄM
MED ETERISKA OLJOR

SALVA

Ingredienser
- 1,2 dl mandelolja
- 0,6 dl kokosolja
- 0,6 dl bivax
- 1 tsk E-vitamin (*kan uteslutas*)
- 0,3 dl sheasmör
- 10 droppar valfri eterisk olja

Gör så här
Häll i mandelolja, kokosolja, bivax och sheasmör i en värmetålig skål. Ställ i en kastrull med hett vatten för att smälta alla ingredienser. Rör runt hela tiden för att få oljorna att blanda sig. Droppa i den eteriska oljan sist och rör runt ordentligt. Häll upp i tättslutande burkar och markera gärna med tillverkningsdatum. Krämen håller i cirka 6-8 månader.

Hudkräm

Ingredienser till 100 ml kroppsolja:
- 30 gram kall kokosolja
- 70 gram kall arganolja
- Tillsätt några droppar eterisk med valbar luktolja om du vill ha en njutbar lukt.

Gör så här
Mät ingredienserna för att få en 30/70-fördelning. Smält försiktigt kokosoljan i ett vattenbad, cirka 30 grader räcker för att olja ska smälta.

Blanda i arganoljan och rör runt ordentligt. Tillsätt sedan några droppar av den eteriska oljan om du vill ha en hudkräm som doftar. Du kan till exempel välja lavendelolja som ger en lugnande verkan. Häll upp blandningen på en återförslutningsbar flaska och smörj sedan in huden så ofta du önskar, gärna direkt efter att du duschat och använt peeling.

RITUAL ETERISKA
OLJOR - DOFTER

Ibland kan vi vara känsliga mot rökelser och kan då använda oss av rumsdofter som renar utrymmet hemma.

Ingredienser
- 1 dl vatten
- 40 droppar eterisk olja
- 3-5 doftpinnar, eller använd grill eller blompinnar

Gör så här
Häll i alla ingredienser i den behållare du vill använda. Förslagsvis en glasbehållare. Rör om. Tillsätt mer eterisk olja om du vill att det ska dofta mer. Ställ i det rum du vill ska dofta och rena energierna och vänd på pinnarna då och då.

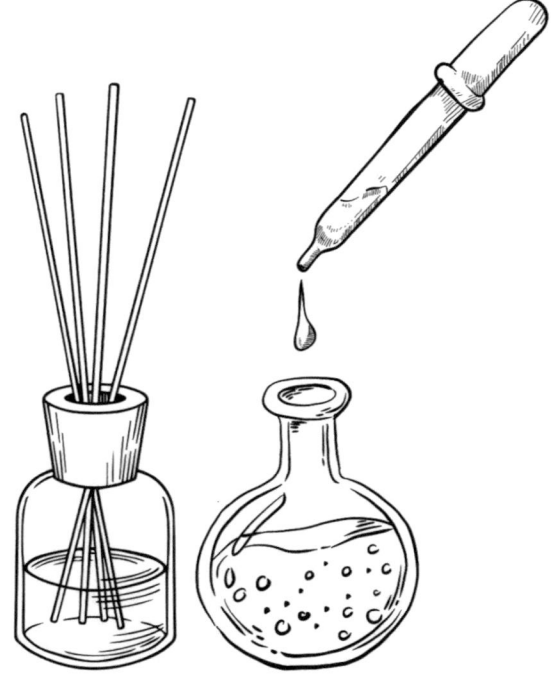

ETERISKA OLJOR OCH
DESS EGENSKAPER

Apelsin

I hudvård: Antiseptisk och lugnande, särskilt bra till känslig hud och till fet hud som behöver balans.
Eterisk i Aromaterapi: Stressminskande och upplyftande.
Mot förstoppning och gasbildning. Stimulerar matsmältning.

Blå renfana

I hudvård: Lugnande, anti-inflammatorisk, rodnads dämpande och regenererande. Mot eksem, akne och skalpproblem.
Eterisk i Aromaterapi: Mot astma och allergier, samt för avslappning.

Citron

I hudvård: Särskilt bra vid fet hud och mot akne. Antibakteriell och stimulerar blodcirkulation.
Eterisk i Aromaterapi: Vitaliserar och stimulerar. Rensar sinnet och skärper uppmärksamhet och beslutsförmåga.

Eukalyptus

I hudvård: Används för rengöring, till deodoranter och till liniment för dess svalkande och vårdande egenskaper
Eterisk i Aromaterapi: Mot andningsbesvär, hosta, förkylning och huvudvärk

Enbär

I hudvård: Används för att stimulera hudens blodcirkulation, som i massageoljor mot celluliter, muskelvärk och ledinflammation.
Bra vid blandhy och akne benägen hy.
Eterisk i Aromaterapi: Som detox; för oljans renande, energigivande egenskaper som motverkar stress. Används för att rensa luftvägarna, skapar lugn.

Tea tree

I hudvård: Antiseptisk, gör och håller rent på hudytan
Eterisk i Aromaterapi: Förebygger orenheter

Ingefära

I hudvård: I massageoljor för att mjuka upp stela leder och muskler, öka blodcirkulationen och motverka kalla fötter och händer. Antiinflammatorisk och antioxidant.
Eterisk i Aromaterapi: Stimulerar sinnet och hjälper till i brist på inspiration.

Grapefrukt

I hudvård: Antiseptisk, stimulerande och rengörande verkan.
Passar särskilt bra till blandhy, fet hud och aknebenägen hud.
Bra till rengöringsprodukter och till massageoljor för att öka lymfcirkulation och motverka celluliter.
Eterisk i Aromaterapi: Humörlyftande egenskaper (en bra olja särskilt i vintertider). Motverkar fysisk utmattning.

Kanel

I hudvård: Antiseptisk och svampdödande. Används ofta i exempelvis tandvårdsprodukter
Eterisk i Aromaterapi: Värmande och upplyftande verkan.

Lavendel

I hudvård: Fuktbindande, mjukgörande.
Eterisk Aromaterapi: Lugnande.

Lavandin

I hudvård: Renande, milt cirkulationsökande.
Eterisk Aromaterapi: Lugnande, avslappnande, sammandragande.

SKAPA DINA EGNA
ETERISKA OLJOR

Namn:

I hudvård:

Eterisk i Aromaterapi:

Namn:

I hudvård:

Eterisk i Aromaterapi:

Namn:

I hudvård:

Eterisk i Aromaterapi:

Namn:

I hudvård:

Eterisk i Aromaterapi:

SKAPA DINA EGNA
ETERISKA OLJOR

Namn:

I hudvård:

Eterisk i Aromaterapi:

Namn:

I hudvård:

Eterisk i Aromaterapi:

Namn:

I hudvård:

Eterisk i Aromaterapi:

Namn:

I hudvård:

Eterisk i Aromaterapi:

SKAPA DINA EGNA
ETERISKA OLJOR

Namn:

I hudvård:

Eterisk i Aromaterapi:

Namn:

I hudvård:

Eterisk i Aromaterapi:

Namn:

I hudvård:

Eterisk i Aromaterapi:

Namn:

I hudvård:

Eterisk i Aromaterapi:

SKAPA DINA EGNA
ETERISKA OLJOR

Namn:

I hudvård:

Eterisk i Aromaterapi:

Namn:

I hudvård:

Eterisk i Aromaterapi:

Namn:

I hudvård:

Eterisk i Aromaterapi:

Namn:

I hudvård:

Eterisk i Aromaterapi:

BRA ATT VETA
SKAPA RITUALER

Att skapa en magisk ritual är en helig och kraftfull handling som kräver noggrann förberedelse, intention och respekt. Här är några viktiga aspekter att tänka på.

Sätt en tydlig intention
- Vad är syftet med ritualen? Skydd, kärlek, transformation, helande?
- Formulera din avsikt i en kort och tydlig mening, exempelvis: "Jag kallar på styrka och mod för att övervinna hinder."
- Använd positiva ord och undvik tveksamhet eller negativt laddade uttryck.

Välj rätt tidpunkt

Månfas
- Nymåne: Början, manifestation.
- Växande måne: Tillväxt, styrka.
- Fullmåne: Fullbordan, stark energi.
- Avtagande måne: Utrensning, avslut.

Veckodagar och planeter

- Måndag (*Månen*) – Intuition och känslor.
- Tisdag (*Mars*) – Styrka och mod.
- Onsdag (*Merkurius*) – Kommunikation.
- Torsdag (*Jupiter*) – Överflöd och visdom.
- Fredag (*Venus*) – Kärlek och relationer.
- Lördag (*Saturnus*) – Skydd och struktur.
- Söndag (*Solen*) – Framgång och energi.

Skapa ett heligt rum

- Rena platsen med rökelse (*salvia, Palo santo*) eller ljud (*klangskål, klocka*).
- Använd ljus, kristaller och symboler som stödjer din intention.
- Se till att du är ostörd och i harmoni med energin omkring dig.

Använd rätt verktyg och element

- Eld: Ljus, eldskålar – symboliserar transformation.
- Vatten: Skålar med vatten, heliga källor – rening och känslor.
- Jord: Kristaller, örter, salt – stabilitet och skydd.
- Luft: Rökelse, fjädrar – kommunikation och andlig kontakt.

Utför ritualen med fokus och respekt

- Inled med en kort meditation eller centreringsövning.
- Anropa olika gudomliga krafter, naturandar, dina guider om det känns rätt.
- Utför handlingarna i ritualen (till exempel. tänd ljus, skriva en önskan, häll vatten i en skål för känslor).
- Tacka krafterna du arbetat med och stäng ritualen ordentligt.

Avsluta och förankra energin

- Släck ut ljusen med respekt (blås inte ut ljuset med munnen använd en ljuskåpa).
- Drick vatten eller ät något för att återförankra dig i den fysiska världen.
- Skriv ner dina upplevelser för reflektion.

Ha tillit och tålamod

- Magi fungerar ofta subtilt och gradvis.
- Släpp och lita på att universum arbetar till ditt bästa.

Genom att följa dessa principer skapar du ritualer med kraft och mening!

RITUAL FÖR ATT ÅKALLA VATTEN

Att åkalla vatten i magi är en kraftfull ritual som ofta används för att koppla sig till känslor, intuition, rening och flöde. Här är en enkel ritual för att åkalla vattnets energi.

Du behöver

- En skål med rent vatten (*gärna från en naturlig källa om möjligt*)
- Ett blått eller silverfärgat ljus
- En liten spegel (*symboliserar vattenytan*)
- Några droppar eterisk olja av lavendel eller rosmarin (för att rena)
- En snäcka eller en liten sten från havet/sjön (*för att förankra energin*)

Så här gör du

- **Förbered ditt altare**: Placera skålen med vatten i mitten. Ställ ljuset bakom skålen och lägg snäckan eller stenen bredvid.
- **Tänd ljuset**: Andas djupt och fokusera på vattnets energi – dess flöde, djup, stillhet och kraft.
- **Spegeln i vattnet**: Håll spegeln ovanför skålen och låt ett par droppar vatten falla på den. Detta symboliserar kontakt mellan världarna.
- **Åkalla vattnets väsen**: Säg högt (*eller viska*): *Jag kallar vattnets urkraft, flödande och djup. Spegel, skål, ljusets sken, för in klarhet och renhet igen.*
- **Meditera**: Stirr in i vattnet eller spegeln. Låt dina tankar flyta fritt, känn hur vattnets energi fyller dig med lugn och visdom.
- **Avsluta ritualen**: Tacka vattnets energi. Släck ljuset försiktigt
(*blås inte ut det – använd fingrarna eller ett lock för respekt eller ljus kåpa*).

RITUAL FÖR ATT ÅKALLA VINDEN

Att åkalla vindens kraft i magi handlar om att arbeta med förändring, rörelse, frihet och intellektuell klarhet. Vinden representerar tankens hastighet, kommunikation och andens röst. Här är en ritual för att åkalla vindens energi.

Du behöver

- Ett vitt eller ljusgult ljus (*symboliserar luftens element*)
- Fjädrar (*helst från naturen, fallna fjädrar*)
- En liten bjällra eller ett vindspel
- Rökelse (*till exempel frankincense, salvia eller lavendel*)
- En bit tyg eller ett band i ljusa färger som kan fladdra i vinden

Så här gör du

- **Förbered platsen**: Det är bäst att utföra denna ritual utomhus, där du kan känna vinden, men det går även bra inomhus med ett öppet fönster.
- **Placera dina föremål**: Ställ ljuset i mitten, lägg fjädrarna runt det och placera bjällran eller vindspel i närheten.
- **Tänd ljuset och rökelsen**: Känn hur röken stiger och symboliserar luftens rörelse.
- **Åkalla vindens väsen**: Stå med armarna utsträckta, håll bandet eller tyget så att det fladdrar lätt. Säg högt: *Vindens andar, lätta och fria, kom till mig med era viskningar klara. Förändringens fläkt, klarhetens röst, jag kallar er nu till denna plats med tröst.*
- **Lyssna och känn**: Blunda, andas djupt och känn hur vinden rör vid din hud. Lyssna efter viskningar i vinden, låt tankarna flöda fritt.
- **Avsluta ritualen**: Tacka vindens energi för dess närvaro. Släck ljuset försiktigt och låt rökelsen brinna ut.

RITUAL FÖR ATT ÅKALLA ELD

Eldens element symboliserar passion, transformation, kraft och viljestyrka. Att arbeta med eld i magi handlar om att väcka inre styrka, mod och energi för att manifestera dina mål.

Du behöver

- Ett rött eller orange ljus (*symboliserar eld*)
- En liten skål med torkade örter (*till exempel. rosmarin, kanel eller dragon*)
- En liten trumma eller ett klappande rytmiskt instrument (*kan även använda dina händer*)
- En symbol av eld (till exempel. *en solsymbol, ett eldsmycke, eller en röd sten som karneo*l)

Så här gör du

- **Skapa en helig cirkel**: Om du vill, markera en cirkel runt dig med salt, stenar eller kristaller för att skapa ett skyddat utrymme.
- **Placera dina föremål**: Ställ ljuset i mitten. Lägg örterna runt ljuset tillsammans med eld-symbolen.
- **Tänd ljuset**: Fokusera på lågan och känn hur dess värme representerar eld inom dig.
- **Åkalla eldens energi**: Börja slå ett rytmiskt mönster på trumman eller klappa händerna långsamt, låt tempot öka medan du säger: *Eldens ande, lys stark och klar, väck min kraft, min vilja, mitt svar. Brinn med passion, mod och styrka, låt din låga i mitt hjärta dyrka.*
- **Visualisera**: Se framför dig hur lågan växer i ditt sinne, fyller dig med energi och kraft.
- **Avsluta ritualen**: Tacka eldens ande. Låt ljuset brinna ner säkert eller släck det med respekt.

RITUAL FÖR ATT ÅKALLA JORD

Jordens element står för stabilitet, grundning, tillväxt och materiell rikedom. Att arbeta med jord i magi hjälper dig att skapa balans, styrka och koppla dig till naturens rytm.

Du behöver

- En skål med jord eller en liten kruka med växtjord
- Fyra stenar eller kristaller (*till exempel. hematit, jaspis, pyrit, eller grön aventurin*)
- Ett grönt ljus (*för att representera jordens energi*)
- Ett löv, en kvist eller en symbol för naturen

Så här gör du

- **Skapa en helig cirkel**: Placera de fyra stenarna i en cirkel runt dig för att markera ett skyddat, jordnära utrymme.
- **Placera dina föremål**: Ställ skålen med jord i mitten, tänd det gröna ljuset bredvid. Placera lövet eller kvisten som en symbol för naturens livskraft.
- **Börja med andning**: Sitt bekvämt, blunda och ta djupa andetag. Föreställ dig att rötter växer från dina fötter ner i jorden, förankrar dig.
- **Åkalla jordens energi**: Placera händerna över jorden och säg:

Jordens ande, ur djupet du bär, styrka, stabilitet, visdom som är.
Fyll mitt väsen med din kraft, låt mig stå stark i livets saft.

- **Känn kopplingen**: Visualisera hur en grön, pulserande energi reser sig från marken och fyller dig med stabilitet och lugn.
- **Avsluta ritualen**: Tacka jordens ande. Om du vill kan du plantera något i jorden som en symbol för din intention.

LJUSMAGI

Ritual innan du utför ljusmagi öppna upp en skyddande cirkel
Placera ljusen i en cirkel runt dig, eller rita en skyddande symbol
med salt. (*som ett pentagram eller rita runan Algiz*)
Tänd ljusen och visualisera en ljusbarriär runt dig
som växer starkare.
Säg: "*Genom lågan och eldens kraft, skapar jag en barriär,
stark och starkast. Inget ont ska mig nå, bara ljuset runt mig må rå.*"

Förberedelser för kraftfull ljusmagi

- **Tydlig intention**: Var kristallklar med vad du vill uppnå. Skriv ner det eller formulera det som en stark affirmation eller besvärjelse.
- **Ett renat utrymme**: Innan du börjar, rengör ditt utrymme energetiskt med rökelse (*salvia, Palo santo, eller rökelseharts*), ljud (*klockor eller sångskålar*) eller visualiseringar av ljus.
- **Symboliska verktyg**: Lägg till element som kristaller, örter, runor eller sigill för att förstärka magins energi. Dessa ska vara anpassade efter ditt mål.
- **Förstärk ljuset**: Använd flera ljus eller större ljus (*till exempel. pelarljus*) för ritualer som kräver långvarig och stark energi.
- **Tidpunkt**: För kraftfulla magier, planera ritualen efter månens faser, solstånd, ekvinoxer, eller specifika veckodagar kopplade till ditt syfte (*till exempel. torsdag för framgång eller fredag för kärlek*).

PENGARMAGI

- **Ljus**: Grönt (*för pengar och tillväxt*) eller guld (*för rikedom och framgång*).
- **Tillbehör**: Kanel och basilika för att stärka energin; mynt eller ett sigill för pengar kan placeras bredvid ljuset.
- **Ritual**:
- Smörj ljuset med en överflödsolja (*som basilika- eller patchouliolja*).
- Tänd ljuset och fokusera på din intention – föreställ dig pengar eller resurser som strömmar mot dig.

Säg: "*Rikedomens energi, kom till mig, flöda fritt som en oändlig flod i mitt liv, med eldens kraft och magins lag, jag drar till mig välstånd idag.*"

KÄRLEKSMAGI
DRA SIG EN PARTNER

- **Ljus**: Rött (*för passion*), rosa (*för kärlek och harmoni*), eller vitt (*för ren kärlek och självkärlek*).
- **Tillbehör**: Rosolja eller lavendel för att smörja ljuset; rosblad eller rosenkvarts för att förstärka energin.
- **Ritual:**
- Placera ljuset i centrum, omgivet av rosblad eller kristaller.
- Tänd ljuset och visualisera kärlekens värme omge dig.

Säg: "*Av eld och hjärtats önskan klar, jag kallar kärlek, ren och sann. Till mig kommer det jag behöver, passion, harmoni, och kärleken väver.*"

MÅNMAGI FÖR TRANSFORMATION OCH MANIFESTATION

Ljus: Silver (*för månens kraft*) eller blått (*för intuition och ɟorändring*).
- **Tillbehör**: Placera en spegel bakom ljuset för att för ·ärka månens energi; använd månsten eller ametist för att stärka intuitionen.

Ritual:
- Gör ritualen vid en fullmåne eller nymåne.
- Tänd ljuset och visualisera månen förstärka din magi.

Säg: "*Månkraft, väx och skin för mig, förändring, styrka, jag drar till mig min önskan stiger, stark och klar, som månen lyser, min framtid är klar.*"

ÖPPNA UPP FÖR NYTT ARBETE

Den här ritual och magin hjälper dig att dra till dig det arbete du vill ha och önskar genom att skicka ut dina önskningar och avsikter till universum.

Vad du behöver

- Ett grönt ljus
- Rosmarinolja

När ska du göra det: Gör detta minst en vecka före din anställningsintervju. Om möjligt, gör det under den växande månperioden.

Så här gör du: Tänd ett grönt ljus med ett par droppar eterisk rosmarinolja. Lägg händerna på var sida om ljuset och titta in i lågan. Föreställ dig nu att du får det arbetet som du vill ha. Föreställ dig även att du är på intervjun och till och med får din första lön.

Fokusera på känslan att arbetet kommer bli ditt, dra till dig energin från ljusets låga med att andas in djupa andetag. Säg till dig själv att du förtjänar det här arbetet, att du är värd att få det här arbetet och att det här arbetet förtjänar dig!

Föreställ dig att du redan har arbetet och verkligen känner hur det får dig att känna. När bilden är så levande som möjligt och när det nästan känns som om det redan har hänt, släck ut ljuset och låt röken bära din intention och önskan ut i universum och upp till dina gudinnor eller de väsen du tillber. Slutför ritualen varje kväll tills ljuset har brunnit ner.

MAGI JOURNAL

Datum:	Namn:

Ändamål:

Månfas:

Beskrivning

_____
_____
_____
_____
_____
_____
_____
_____

Ingredienser/element

_____
_____
_____
_____
_____
_____
_____
_____
_____
_____

MAGI JOURNAL

Datum: | **Namn:**

Ändamål:

Månfas:

Beskrivning

_____
_____
_____
_____
_____
_____
_____
_____

Ingredienser/element

_____
_____
_____
_____
_____
_____
_____
_____
_____
_____

MAGI JOURNAL

Datum:

Namn:

Ändamål:

Månfas:

Beskrivning

Ingredienser/element

MAGI JOURNAL

Datum: **Namn:**

Ändamål:

Månfas:

Beskrivning

_____
_____
_____
_____
_____
_____
_____
_____

Ingredienser/element

_____
_____
_____
_____
_____
_____
_____
_____
_____
_____

RITUAL ANTECKNINGAR

Datum: **Namn:**

Ändamål:

Månfas:

Ingredienser

Verktyg du behöver

Beskrivning

Resultat

RITUAL ANTECKNINGAR

Datum:	Namn:

Ändamål:

Månfas:

Ingredienser	Verktyg du behöver

Beskrivning	Resultat

RITUAL ANTECKNINGAR

Datum:

Namn:

Ändamål:

Månfas:

Ingredienser

Verktyg du behöver

Beskrivning

Resultat

RITUAL ANTECKNINGAR

Datum:

Namn:

Ändamål:

Månfas:

Ingredienser

Verktyg du behöver

Beskrivning

Resultat

144

TOLKA LJUSLÅGAN

Att läsa av ljuslågor är en form av divination där man tolkar ljusets låga under en magisk ritual eller meditation. Lågan kan ge dig ledtrådar om energierna i ritualen, om din intention är stark, eller om det finns hinder eller påverkan från andra krafter. Denna metod kallas även för oljelampsmagi och är en intuitiv och mystisk praktik som används i många spirituella traditioner i arabiska kulturer.

Hur du tolkar ljuslågor, några vanliga sätt att tolka ljuslågan under en ritual eller magisk ceremoni

Stabil och klar låga: Positiva energier. Ritualen eller intentionen flyter smidigt utan hinder. Ditt fokus och intention är stark och klar.
Tolkning: Detta är ett gott tecken, och du kan förvänta dig framgång med din magi.

Fladdrande låga: Energierna är instabila, eller det finns påverkan från yttre krafter.
Tolkning: Om lågan fladdrar snabbt kan det tyda på att andar, guider eller osynliga krafter försöker kommunicera med dig. Det kan också indikera att det finns motstånd eller hinder för din intention.
Åtgärd: Stärk din intention och se till att ditt utrymme är renat. Upprepa besvärjelsen för att fokusera energin.

Stark, hög låga: Kraftfull energi och stöd från universum eller de andar/ väsen du arbetar med.
Tolkning: Din intention är laddad med stor styrka, och resultaten kan vara snabba och kraftfulla.
Åtgärd: Fortsätt med ritualen och utnyttja den starka energin för att förstärka din önskan.

Svag och liten låga: Låg energi eller blockeringar.
Tolkning: Kan indikera att din intention inte är tillräckligt stark. Negativa energier kan blockera ritualen, eller du kanske känner dig mentalt eller emotionellt utmattad.
Åtgärd: Ladda ljuset och dig själv med ny energi. Upprepa ritualen vid ett bättre tillfälle.

Lågan sprakar eller fräser: Kommunikation från andra energier eller närvaro av spirituella krafter.
Tolkning: Detta kan vara ett tecken på att andar försöker kommunicera med dig eller att din intention möter motstånd. Om ljuset fräser mycket kan det tyda på yttre störningar eller konflikter.
Åtgärd: Försäkra dig om att du har skydd i ritualen, och observera om andra tecken uppstår.

Lågan slocknar utan anledning: Ritualen har inte tillräcklig energi, eller din intention behöver omarbetas.
Tolkning: Kan vara ett tecken på att universum inte stöder din avsikt just nu. Det kan också indikera att du arbetar mot starka hinder eller negativa krafter.
Åtgärd: Ta en paus, ren ditt utrymme och dig själv med exempel salvia, och omformulera din intention.

Dansande låga: Energier i rörelse. Din intention möter olika krafter eller förändringar är på väg.
Tolkning: Lågan reflekterar kraft och aktivitet, vilket kan betyda att magin jobbar på, att resultatet kan ta lite tid eller det uppstår oväntade händelser.
Åtgärd: Ha tålamod och lita på processen.

Ljusets sot eller rök:
Svart rök: Kan indikera att negativ energi rensas bort, eller att det finns blockeringar i ritualen.
Vit rök: Renande och helande energi frigörs, ett positivt tecken.
Ingen rök: Neutral energi, varken blockeringar eller överflödig påverkan.

Stärka tolkningen av ljuslågan

Fråga om hjälp: Be dina andliga guider eller väsen om tecken i lågan. **Använd intuition:** Ditt undermedvetna kan läsa energierna bättre än en lista av regler (*Tro på din magkänsla*).
Kombinera med andra metoder: Lägg till andra arbetsmetoder som tarot, runor eller pendel för en mer detaljerad tolkning.

Ritualtips för att arbeta med ljuslågor
Placera ljuset i en vindstilla miljö för att undvika påverkan från fysisk rörelse. Om lågan inte beter sig som väntat, överväg om det är något i ditt utrymme som stör energin. För loggbok över dina observationer – du kanske ser mönster i hur lågan reagerar på dina intentioner över tid.

LJUSFÄRGER TILL MAGI

Vitt ljus
I den vita färgen är väldigt renande och helande, att använda vita ljus i ritualer eller i besvärjelser kan stärka vår inre styrka och drivkraft, vita ljus kan också stärka kopplingen till de andra dimensionerna. Rekommenderas att använda vita ljus vid vardagliga ritualer, besvärjelser, trolldom som går ut på att rena och vid meditation.
Nyckelord: Nihilism

Svart ljus
Den svarta färgen förstärker energin, svarta ljus har en tendens att dra till sig speciellt negativa energier. Därför är svarta ljus perfekta att använda när du vill släppa något gammalt, eller lägga något bakom dig som du är färdig med. Eller för att rena ett rum på negativ energi. (kom bara ihåg att låta ljuset bränna ner helt och inte använda det igen) Du kan också använda svarta ljus för att förvisa en känsla, person, eller ande. Svarta ljus används vid Samhain.
Nyckelord: Mystik

Orange ljus
Är färgen för ljus, värme och glädje, använd gärna orange ljus om du vill föra in mer livskraftig energi i ditt hem eller i dig själv. Det är också en bra färg om du vill styrka upp din andliga förmåga. Orangeljus används vid Mabon, och Samhain
Nyckelord: Livskraft

Rött ljus
Står för passionerad glädje och styrka. Använd röda ljus vid kärleks ritualer eller besvärjelser som rör kärlek då röda ljus sägs dra till sig det motsatta könet.
Röda ljus kan också användas för att finna styrka, självförtroende och mod. Används vid Lammas och Mabon
Nyckelord: Passion

Grönt ljus
Är färgen vi använder när vi vill dra till oss lycka och rikedom i våra liv. Kan hjälpa oss i svårigheter som rör pengar och avtal. Använd gärna gröna ljus om du vill släppa på blockeringar i kroppen, dra till dig pengar och lycka.
Nyckelord: Lycka / skog

Gult ljus

Gul är glädjens färg och den använder vi när vi behöver komma ur negativa tankegångar och känslor av sorg ensamhet, depression och nedstämdhet. Använd gärna gula ljus för att göra besvärjelser för att öka ditt inre välmående och för att känna glädje.

Gula ljus kan också lätta på rädsla och fruktan om vi använder dem i ritualer.

Nyckelord: Glädje

Blått ljus

Är helandet och visdomens färg, denna färg använder vi när vi vill dra till oss kunskap på det andliga planet. Blå ljus kan vara bra vid ritualer som rör avslappning, lugn, frid och harmoni

Nyckelord: Kyla / Läka

Lila ljus:

Har mycket blått i sig och står därför för spiritualitet och kunskap, men också för visdom, intelligens.

Använd gärna lila ljus om du vill dra till dig kunskap, kreativitet och lyx/ överflöd.

Nyckelord: Andlig kunskap

TOLKA LJUSLÅGAN

Ljusmagi	Önskan	Vad visade lågan

HÄXFLASKOR

En magisk flaska är i grund och botten en fysisk representation av en besvärjelse. Dessa små flaskor eller burkar kan hjälpa dig att omfamna din inre kraft att manifestera din vilja och förstärka energin i de målen som önskas inträffa vare sig det är pengar, kärlek, lycka, frid eller vad du nu kan tänkas vilja manifestera i din verklighet.

Skapa en magisk flaska

Vissa ingredienser har en viss styrka betydelse baserat på vad du lägger in i flaskan. Rosmarin för minne, lavendel för lugn och beskydd, gråbo för visioner, järnek för beskydd, osv. Detta kan du studera och kolla upp olika användningsområden för olika örter och se vad som resonerar med dig och din besvärjelse. Men att understryka, din magi är din och det kommer alltid fungera bäst ifall ingredienserna du tillsätter har en betydelse för dig personligen eller för den du skapar flaskan åt.

Varje ingrediens du tillsätter i din besvärjelse tänk med ett klart syfte för varje objekt. Till exempel för att dra till dig kärlek / en partner. Roskvart för kärlek, en bit av ditt hår/din signatur/en bild på dig för att representera dig själv, honung för att tillsätta sötma och snällhet, rosenblad för kärlek och passion, ett papper med olika egenskaper du önskar hos din framtida partner osv.

Toppa sedan din flaska med ett lock eller en kork och täta det med hjälp av till exempel ljusvax (*kanske t.o.m. i en korresponderande färg som passar ditt syfte*) för att sluta in besvärjelsen i flaskan.

KÄRLEKSBESVÄRJELSE

Användning av besvärjelseflaskan:
Att välja vad du vill göra med din flaska grundar sig i vad du har för syfte med den. Vilket såklart också är helt upp till dig! Kanske för att dra till dig något du önskar eller för att hålla en fiende borta eller låsa en person att göra dig illa något mer. När din flaska väl är klar så kan du ha den på ett ställe där du ser den ofta då den då fungerar som en påminnelse av vad du manifesterar.

Vad du kan använda

- En liten till mellanstor burk eller flaska
- Honung
- Valfri alkohol alternativt månvatten
- Rosenblad och taggar från rosen (*för att representera kärlek med friska gränser*)
- Örter som korresponderar med kärlek till exempel. blå lotus för fruktbarhet, lavendel för healing, kanel för lust och sex, patchouli för passion, oregano för tur osv.
- En kristall alternativ. Kristallchips av rosenkvarts.
- Ett litet papper och en penna att skriva med.
- Ett ljus (*gärna i samma färg som korresponderar med din avsikt för besvärjelse, till exempel. rosa eller rött för kärlek*)
- Tändstickor eller tändare.

Ritual 1.
Addera lite honung samt alkohol i din burk tillsammans med dina rosenblad, rosen taggar, örter och kristaller och för varje ingrediens ange avsikten för ingrediensen när du lägger varsamt ner dina saker i burken. Skriv ner vad du vill dra till dig i kärleken. Tänd ljuset, rosa eller rött. Skriv förnamnet och efternamnet på personen och ditt eget och rita en ring runt era namn på pappret.

Blunda och börja föreställa dig att du spenderar tid med den här personen. Du måste tänka på möjliga scenarier där du vet att ni kan vara tillsammans.
Ju mer levande dina föreställda scener är, desto bättre.

Upprepa: Kom till mig utan tvång (*Namnet på personen*) tre gånger. Ta lite av oreganon gnid in i dina händer och lägg dina händer på pappret. Ta nu lite honung över pappret och säg: *Den sötma som jag har, önskar jag att du vill närma dig självmant och komma till mig utan tvång.*

Låt nu ljuset brinna ner, lägg ner pappret i bruken tillsammans med ingredienserna. Slut burken och förvara på en säker plats. Ta fram burken ibland för att ladda in mer energi.

Ritual 2.
Utförs vid ny måne: Skriv ner din avsikt för din besvärjelse på en bit papper och skriv det på ett sätt som att det redan manifesterat. Till exempel. "*Jag har funnit kärleken i mitt liv*" Var gärna så specifik du kan. Här kan du även lägga till olika personlighetsdrag du önskar
"*Han eller hon är snäll, han/hon är stöttande, han/hon ser bra ut*".

Vik din lapp inåt emot dig för att dra det till dig och lägg det sedan i burken tillsammans med ingredienserna ovan. Ta fram burken och ladda den vid nymåne tills du känner du inte längre behöver ladda burken mer.

Ritual 3.
Tänd ljuset, rosa eller rött och säg din avsikt för besvärjelsen högt och tänk hur du sänder ut det till universum, visualisera gärna hur det ser ut när du manifesterar din önskan. Slut alltid din burk genom att droppa ljusvax över burkens lock oavsett vilken av ritualerna du utför. Höj energin genom att sjunga, trumma, dansa eller liknande. (*Detta är frivilligt och upp till dig om det känns rätt och naturligt*)

Låt ljuset brinna ända ner i en eldsäker miljö som till exempel. en ljushållare eller på ett fat. När det brunnit ner så ta en stund att stänga ner ritualen mentalt genom att förvisa energin du byggt upp och gå vidare med ditt liv.

MAGIFLASKA
DRA TILL SIG PENGAR

Vad du kan använda

- En liten till medium stor flaska eller en burk
- En jade-kristall alternativt pyrit för pengaflöde
- En grön aventurin för tur och pengar
- En jade planta alternativt mynta för pengaflöde
- Ingefära för extra energi
- Timjan för koncentration
- Fröer för tillväxt
- Ris som du kan lägga i grön karamellfärg eller mjöl för att binda allt tillsammans
- En bit papper och en penna

Lägg alla i ingredienserna, en i taget, medan du för varje ingrediens anger avsikten för ingrediensen och hur det relaterar till syftet av din besvärjelse. Skriv ner din besvärjelses syfte till exempel *"Pengar flödar in i mitt liv med lättja"* eller kanske *"jag har överflöd av pengar"* på pappret med din penna vik de emot dig för att kalla det till dig och placera det i din flaska.

Tänd ditt ljus och säg din avsikt för din besvärjelse högt och klart medan du visualiserar hur det kan se ut när du manifesterar din vilja. Slut din flaska eller burk med hjälp av ljusets vax.
Låt sedan ljuset brinna ner.
Stäng ner ritualen på ett sätt som känns bra och ställ din flaska på ett ställe där du kan se den för att den ska kunna agera som en påminnelse av din vilja och manifestation.

MAGIFLASKA
FÖR BESKYDD

Används med försiktighet

Traditionen att skapa skyddande häx och magiflaskor för skydd har bestått genom tiderna, omfamnad av häxor, Hoodoo, Voodoo och utövare av olika magiska konster. Dessa flaskor fungerar som ett potent verktyg mot psykiska och magiska attacker, motverka negativa energier och erbjuda en försvarssköld. Att skapa en skyddande häxflaska är en personlig och effektiv ritual som kan skydda skaparen från skadliga avsikter och andliga hot.

OBS Används med försiktighet!
Stark Ritual, används endast vid nödfall.

Vad du kan använda

- Flaska eller en burk om du inte har en flaska
- Svart ljus
- Dina eller persons personliga tillhörigheter (*hår, naglar, etc.*)
- Vatten eller (*urin, mensblod*)
- Salt
- Svart turmalin
- Rostiga spikar
- Krossade glasbitar
- Små spegelbitar
- Tio örter/rötter (*Anis, salvia, lagerblad, kryddnejlika, vitlök, rosmarin, kanel, djävulsklo, timjan, valeriana*)

Ritual: Utför denna ritual på den mörka månen eller nymånen för dess associering med början och skydd. Börja med att rengöra ditt utrymme och ta ett renande bad. Lägg ut alla trollformler i det valda rituella utrymmet, och se till att du inte blir störd. Om du arbetar inomhus, håll fönstren öppna för frisk luft.

Rensa utrymmet
Använd helig rök för att rena utrymmet med alla fem elementen.

Magisk cirkel
Jorda dig själv och kasta en magisk cirkel. Åkalla energierna och gudinnor eller gudar beroende på vilka du åkallar, skapa en förbindelse med dem.

Ljusförberedelse
Rista ditt namn och födelsedatum på det svarta ljuset. Tänd ljuset, vilket symboliserar initieringen av skyddsbesvärjelsen.

Ingrediens placering
Med fokuserad avsikt, placera varje ingrediens i flaskan. Prata med föremålen och erkänn deras livlighet och betydelse. Känn deras energi när du lägger dem i flaskan.

Ladda flaskan
Täck flaskans öppning med båda händerna, skapa en fiskform. Rikta din energi in i flaskan, bekräfta dina skyddsavsikter.

Du kan säga, "*Jag åkallar dig, skyddsflaska, att ingen skada ska komma till mig. Skicka tillbaka all skada till avsändaren omedelbart.*
Du är min skydds sköld."

Förslutning av flaskan
Förslut flaskan direkt efter laddning.
Metallkork rekommenderas för hållbarhet, beroende vart du bevarar flaskan, när du inte ska gräva ner den i jorden.

Ljusförsegling
Använd det svarta ljusets vax för att täta locket ordentligt. När du gör det, meditera över visualiseringen av ett starkt vitt ljus som omger dig, vilket ger din kropp och själ dess skyddande utstrålning.

Meditation och stängning
Sitt och meditera med flaskan och föreställ dig själv omgiven av en levande boll av vitt ljus. När du känner en känsla av lugn, stäng ritualen och öppna den magiska cirkeln.

Placering

Om du gräver ner flaskan på din tomt eller i skogen, rekommenderas att du använder en träkork som inte skadar moderjord, eller, om du är i en lägenhet, placera du den i en kruka med jord på din balkong. Se till att ingen rör krukan förutom du.

Slutsats

Skapandet av en skyddande häxflaska är en djupt personlig och bemyndigande ritual. Den laddade flaskan fungerar som en väktare och skyddar sin skapare från skada och negativa energier.Genom att ingjuta avsikt, energi och visualisering i detta magiska verktyg kan utövare skapa ett kraftfullt försvar mot psykiska och magiska hot.

Skapa en flaska för beskydd att binda personen/personerna avvärja dem göra dig skada eller baktala dig.

Skriv ner namnet på personen eller de personerna som du blivit skadade av eller som du vill ska sluta baktala dig. Lägg ner namnen på personerna i separata flaskor som du laddar samtidigt. Smula ner Salvia i burken. Tillsätt även malen kanel, vodka eller 70% alkohol, en rostad spik och spotta ner lite saliv och förslut burken/Flaskan.

DINA HÄXFLASKOR

Syfte/Ritual	Föremål i flaskan	Datum

DIN MAGI BURK

Syfte:

Namn på person det gäller

Burkens intention

Datum:

Klockan:

Plats:

Månfas

Magi - Kärlek, beskydd m,m.	Ingredienser i burken

Innehåll	Innehåll

ÄGGMAGI FÖR RENING

Äggmagi är en av de äldsta formerna av magisk praktik och används i många traditioner över hela världen. Ägg anses vara en symbol för liv, transformation och energiabsorption.
Här är några kraftfulla ritualer med ägg för rening, beskydd och spådom.

Äggrening – Ta bort negativ energi

Denna ritual används för att rensa bort negativ energi, blockeringar och oönskade påverkan.

Du behöver

- 1 färskt ägg
- En vit ljuslåga
- Rökelse (*salvia eller Palo santo*)
- Ett glas vatten

Steg
- Rena ägget genom att hålla det över rökelsen och visualisera hur det blir fyllt med renande energi.
- Passera ägget över din kropp, från huvudet ner till fötterna, samtidigt som du visualiserar hur det suger upp negativ energi. Du kan också recitera en bön eller besvärjelse, till exempel.:

"*Jag släpper allt som inte tjänar mig, detta ägg tar bort all disharmoni.*"

- Knäck ägget i ett glas vatten och låt det vila i 5–10 minuter.
- Tolka resultatet (*se sidan 160 "Äggspådom"*).
- Släng ägget utomhus eller begrav det i jorden för att returnera energin till naturen.

ÄGGBESKYDD

En kraftfull ritual för att skapa ett skyddande fält runt dig eller ditt hem.

Du behöver

- 1 ägg
- Salt
- En svart eller röd tråd
- En nål

Steg

- Skriv ditt namn eller en skyddsruna på ägget (*till exempel. Algiz-runan för skydd*).
- Doppa ägget i salt för att rena det och ladda det med beskyddande energi.
- Trä en svart eller röd tråd genom ägget med en nål och häng det ovanför din dörr eller fönster för att hålla negativ energi borta.
- Byt ut ägget var tredje månad och begrav det i jorden.

SPÅ I ÄGG

Äggspådom – Se framtiden genom ägget

Ägg kan användas som ett spådomsverktyg för att få insikter om framtiden eller ens energitillstånd.

Tolkning av äggets utseende i vatten

- Bubblor: Positiv energi rör sig runt dig, men du kan också vara påverkad av andliga energier.
- Trådar som stiger uppåt: Någon sänder negativ energi mot dig, det kan vara avundsjuka eller illvilja.
- Blodfläckar i ägget: Kan indikera behovet av en djupare rening.
- Klar vätska: Ren energi, inga större problem.

ÄGGMANIFESTATION

Om du vill manifestera något kan du programmera ett ägg med din intention och sedan begrava det.

Du behöver

- 1 ägg
- Papper och penna
- En symbol för din önskan (*till exempel. en kristall för kärlek som en rosenkvarts eller ett mynt för pengar*)

Steg
- Skriv din intention på pappret och lägg det under ägget.
- Håll händerna över ägget och visualisera din önskan som om den redan är sann.
- Begrava ägget i jorden och låt naturen arbeta för dig.

Äggmagi är ett enkelt men kraftfullt verktyg för rening, beskydd, spådom och manifestation. Tänk alltid på att visa respekt för naturens energi och släng ägget på ett sätt som hedrar dess syfte.

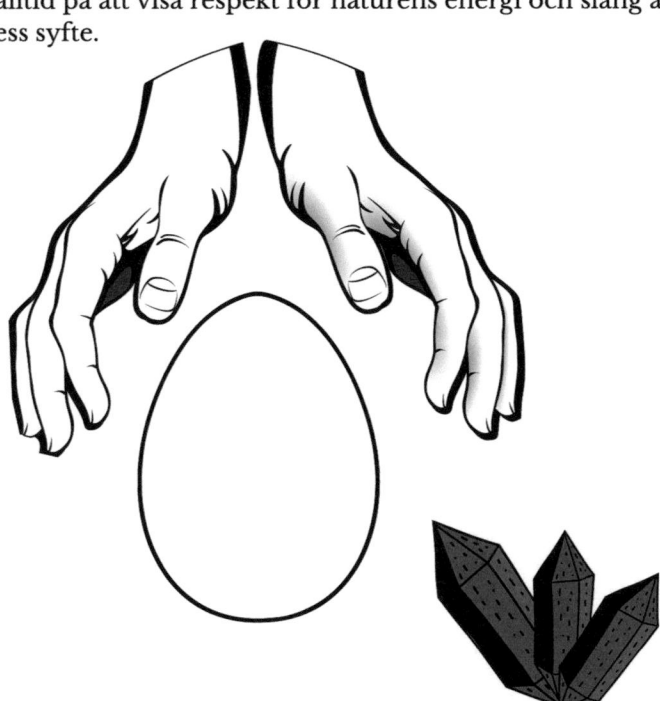

ÄGGMAGI

Klockan: M T O T F L S

Typ av rening- Magi - Spådom	Äggulans utseende

Noteringar

DRA TILL DIG VÄLSTÅND

Vad den gör: Denna trollformel kommer att ge dig rikedom och välstånd.

Vad du behöver

- Grönt, 13 cm långt silkessnöre eller band

När ska man göra den: Helst vid tiden för den växande månen.

Så här gör du: Knyt nio knutar på ditt band.

Säg följande

Knut ett nu har min förtrollning börjat.
Knut två mycket fruktbart arbete att utföra.
Knut tre pengarna kom till mig.
Knut fyra nu knackar tillfället på min dörr.
Knut fem nu blomstrar mitt arbete.
Knut sex nu är denna besvärjelseenergi laddad.
Knut sju ger mig framgång.
Knut åtta nu är min ökning stor.
Knut nio nu är dessa ting mina.

Avsluta med att lägga ditt band med dina nio knutar under din huvudkudde i nio dagar, ta fram ditt band säg sedan om alla nio ramsor och lägg åter igen bandet med knutarna under din huvudkudde.

Ta fram bandet efter den nionde dagen på kvällen innan du ska sova, säg samma ramsa åter igen. Gå in igen och lägg nu ditt band där du vill förvara det tryggt. Låt nu bandet göra sitt arbete och dra till sig välstånd.

HITTA OCH FINN

Den här ritualen hjälper dig att hitta det du har förlorat.

Vad du behöver: Du behöver inget för den här ritualen.

När du ska göra det: Du kan utföra den här besvärjelsen när du har förlorat något.

Hur det utförs

Tänk på vad det är du inte kan hitta och säg följande
Vägledande väderstreck, jag ber om er kärlek.
Låna mig ert fokus och er klarhet, för mig till (namnet på det som är förlorat) vid denna tid,
Återställ mig det och ge tillbaka min sinnesfrid. Med skada för ingen och denna trollformel
vara gjord. Låt den icke upphävas eller läggas på mig såsom någon förbannelse. Må alla
väderstreck korrespondenser vara korrekta för att detta ska fungera, som jag vill ha det, så
skall det ske.

Du bör hitta det du letar efter inom några minuter till en vecka.

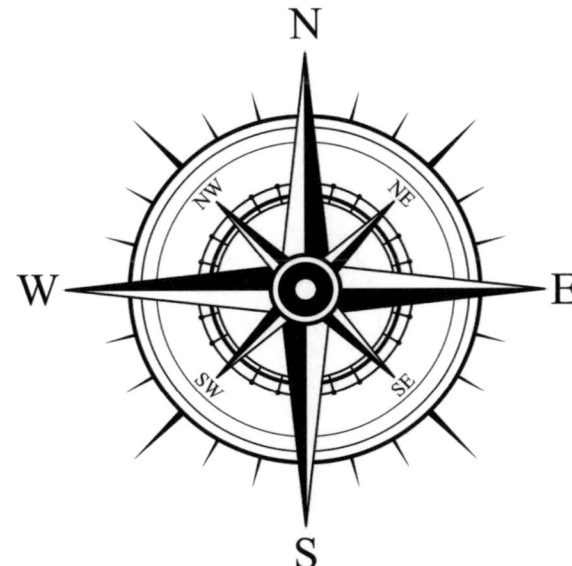

BESVÄRJELSE
VÄLSIGNA VATTEN

Den här besvärjelsen välsignar ditt magivatten, så du kan använda det i ritualer eller trollformler. Välsignat vatten kan också placeras vid ditt altare där det kommer att absorbera och rena negativa energier.

Vad du behöver

- En kopp eller en bägare
- Vatten
- Salt (valfritt)

Så här gör du

Häll vatten i en kopp eller bägare.
Lägg ena handen över vattnet och säg följande: "*Gudomliga Ran du som styr över vatten i havet och i sjöar, jag åkallar dig att rena detta vatten med din gudomliga kraft, välsigna det med ditt ljus, så må det ske!*"

Du kan också strö lite salt över vattnet medan du ber ovanstående bön. Salt är bra för rening.

RENINGS RITUAL MED MYNT VID NEDSTÄMDHET

Vad den gör: Denna trollformel bör användas när du känner dig deprimerad, utan kontroll över ditt liv, efter att ett förhållande har gått sönder och vid alla andra tillfällen när du känner behovet av att släppa energier som du känner trycker ner dig i känslor.

Denna ritual ger dig tillbaka kraft och ger tröst.

Vad du behöver

- Fyra likadana mynt i samma valör
- När man ska göra det: Kan göras när som helst
- Vatten: Vid en sjö, havet eller en brunn

Så här gör du: Ta fyra mynt, tvätta dem tills de är skinande rena (*du kan behöva skrubba dem med bakpulver och en tandborste om det är gamla mynt som blivit mörka med tiden*). Gör detta innan du åker eller går till en sjö eller havet eller om du väljer går till en brunn.

Obs: Det skulle vara oklokt att utföra denna ritual i en brunn som faktiskt används som en källa till dricksvatten.

Ställ dig framför vattnet eller brunnen som vetter mot väster.
Kasta ett mynt i vattnet en bit ut eller kasta ner i brunnen och säg: *Jag ger gärna det här.*

Flytta dig nu så att du är vänd mot norr - Kasta ett mynt igen och säg: *Jag ger gärna upp det här.*

Vänd dig nu mot öster - Kasta ett mynt igen och säg: *Jag ger frivilligt upp det här.*

Vänd mot söder, kasta ett mynt i vattnet eller brunnen igen och säg: *Jag ger gärna upp det här.*

Din ritual är slut och du kan gå från platsen.

RITUAL RENGÖRING
I HEMMET

När du känner dig trött eller saknar energi hemma hjälper denna ritual dig att bli av med dålig energi genom rening.

Vad du behöver

- Rökelse (*renande doft*)
- Drakblods pulver
- Till vattnet, tvätta golven med - Grön eller gul såpa
- Kvast (*om tillgänglig*)

När kan ritualen utföras? Närhelst du känner att du behöver det.

Gör dig av med röran: Röran blockerar energin i ditt hem, kasta eller ge bort ut allt du inte har använt för senaste sex månaderna och tror inte att du kommer att använda under de kommande sex månaderna. Om du är osäker på några saker, lägg det i en låda, och skriv dagens datum på en klisterlapp och se över det om sex månader från och med datumet du lägger undan föremålet.

Städa ditt hem: Börja med att städa ditt hem noggrant, städa bakom kylskåpet, spisen sopa bort eventuellt spindelväv i taket och dammsug golvet tvätta golven med såpa. Det ska kännas meningsfullt att städa ett hem som får dig känna dig trött och nedstämd. Dina gamla föremål, smuts- och dammlager samlar negativa energier.

Rengör: Börja med att öppna alla dina fönster och dörrar för att släppa in frisk ren luft. Plocka upp din kvast och visualisera hur du sopar bort all negativitet ur rummet genom de öppna fönstren och dörrarna. Börja med det rum som ligger längst bort från ytterdörren så att all negativitet så småningom hittar den ut i världen.

När du känner att ditt hem har rengjorts grundligt, säg med en stark, klar och tydlig röst: *"Mitt hem är renat från all negativ energi. Låta det vara en plats för fred, lugn, kärlek och välstånd."*

Försegla ditt hem: Tänd lite rökelse inomhus som salvia eller andra rökelser och strö drakblods pulvret utanför ditt hus eller utanför din ytterdörr nedtill vid postkarmen. Detta kommer att hjälpa håll negativa energier och onda andar borta.

Använd slutligen din trollstav eller ditt finger för att skissa ett pentagram i luften, i riktningen av ditt hems entréer (*fönster, dörrar, källare och eventuella garage*).

Gör om denna ritual minst en gång i månaden eller var annan månad när du storstädar eller behöver rena energierna i ditt hem. Allt som du vill göra av med och inte behöver ge bort till olika personer som vill ta över det du inte längre behöver eller lämna in till företag som ger bort eller säljer saker till bättre behövande.

SÄKER PASSAGE
FÖR EN VILSEN ANDE

Denna besvärjelse hjälper en ande att släppa taget och passera säkert till andra sidan. Ibland har andar svårt att gå vidare, det kan vara för att de vill trösta sina nära och kära eller helt enkelt för att det är en ung själ. Denna ritual kommer att hjälpa anden att se ljuset och gå över till andra sidan.

Vad du behöver

- Salvia
- Två mynt

När ska man göra det: När en person känner av en andlig närvaro, när någon gått bort och behöver hjälp att passera.
Den här besvärjelsen kommer inte att förvisa någon utan de går självmant över till andra sidan.

Så här gör du: Säg följande: En tid för allt och allt på sin plats, må Gudinnan Hel vägleda dig bortom denna återvändsgränd. Korsa nu över i frid till andra sidan slöjan där du får frid.
Öppna ett fönster, på fönsterbrädet lägger du de två mynten och säger: Din färd hem må bli rikt och lyckligt.
Mina välsignelser, så må det vara.

Rena med salvian i varje rum och tacka Gudinnan Hel som hjälpt anden över. Lägg mynten i en ask eller tygpåse, dagen därpå besöker du en kyrkogård, lägg mynten vid kanten på en sten vid marken eller nere vid ett träds rötter.
Känner du till anden som fått hjälp över kan du lägga det på deras gravsten.

VOODOO-DOCKA

Används med försiktighet

Vad är en Voodoo-docka?
En voodoo-docka är en magisk representation
av en person, kopplad till individen genom energi,
intention, eller personliga föremål.
Dockan fungerar som ett redskap för att fokusera
energi och intentioner, oavsett om det är för helande,
skydd, kärlek eller andra mål.

Syften för en Voodoo-docka

Helande: Används för att främja fysisk, emotionell eller andlig läkning.
Beskydd: Skydda en individ från skada eller negativa energier.
Manifestation: Hjälpa till att attrahera kärlek, pengar eller framgång.
Släppa taget: Bryta band med negativa personer eller situationer.

Hur du skapar en Voodoo-docka

Vad du behöver

- **Material för dockan**: Tyg, garn, vax, trä eller lera.
- **Fyllning**: Örter, bomull, eller papper.
- **Personlig koppling**: Ett foto, hårstrån, nagelbitar, eller en handskriven lapp med namnet på personen dockan representerar.
- **Dekorationer**: Knappögon, broderade detaljer, eller symboliska föremål.
- **Tillbehör**: Nålar i olika färger för att förstärka intentioner.

Steg-för-steg
Välj material, din intention, färger och det material som representerar din avsikt.
- **Vit**: Rening och helande.
- **Röd**: Kärlek och passion.
- **Grön**: Pengar och överflöd.
- **Svart**: Skydd och borttagande av negativitet.

Forma dockan: Sy, knyt eller forma materialet till en människoliknande figur. Dockan behöver inte vara perfekt; det viktiga är intentionen.

Lägg till personliga element: Placera hår, foto eller annat personligt föremål inuti dockan för att skapa en koppling till personen. Om det inte är möjligt kan en lapp med namnet och födelsedatumet också fungera.

Ladda dockan: Håll dockan i dina händer, visualisera din avsikt tydligt.

Säg en affirmation eller besvärjelse, som: *"Med denna docka styr jag energin för [avsikt]. Denna magi är stark, för det högsta goda och fri från skada."*

Placera och arbeta med dockan

- **För helande:** Placera dockan på ett rent altare och stick gröna eller blå nålar i de områden som representerar läkning.
- **För kärlek:** Håll dockan nära ett rött ljus och strö rosenblad runt den.

För beskydd: Linda dockan i svart tyg och placera den vid din dörr eller ditt sovrum.

Användning av nålar

- **Guld:** Framgång och överflöd.
- **Röd:** Kärlek, passion, och energi.
- **Vit:** Renhet och helande.
- **Svart:** Skydd och borttagande av negativa energier.
- **Nål utan färg:** Du förvisar personen, din intention är inte att skada.

Placera nålarna strategiskt på dockan där du vill att magin ska fokuseras. Till exempel, för att påverka hjärtat (*emotionellt välbefinnande*) eller huvudet (*mental klarhet*).

Avslutning av ritualen

När du har uppnått din intention eller arbetet är klart kan du antingen: Begrava dockan: För att släppa energin och låta naturen transformera den.

Bränna dockan: För att frigöra intentionen snabbt och kraftfullt.

Förvara dockan: Om du vill fortsätta arbeta med den över tid.

Etiska aspekter

Använd alltid voodoo-dockor med respekt och tydlig avsikt.

Undvik skadliga avsikter, då de kan ha karmiska konsekvenser eller påverka energin runt dig negativt. Be om samtycke om dockan representerar någon annan, särskilt i kärlek eller helande ritualer.

FRYSA IN EN FIENDE

Används med försiktighet

Detta är en symbolisk magisk ritual som ofta används i folk- och skyddsmagi för att stoppa någon från att påverka dig negativt.
Ritualen handlar inte om att skada utan snarare att begränsa någons inflytande över ditt liv.

Frysritual för att stoppa negativ energi

Du behöver

- Ett litet papper
- En penna
- En liten plastpåse eller burk med lock
- Vatten

Så här gör du

- **Skriv namnet**: På papperet skriver du namnet på personen du vill stoppa. Om du inte vet namnet, beskriv deras energi eller situation.
- **Fokusera din intention**: Visualisera hur deras negativa påverkan försvagas. Känn att deras kraft över dig fryser fast.
- **Vik papperet**: Vik det smått och lägg det i plastpåsen eller burken.
- **Tillsätt vatten**: Fyll påsen eller burken med vatten.
- **Frys**: Placera det i frysen medan du säger en besvärjelse som till exempel.: "*Med isens kraft, jag fryser din makt. Din skada stannar, du når mig ej, från och med denna dag.*"
- **Avslut**: Låt det vara fryst tills du känner att situationen är under kontroll. När du vill släppa energin, tina upp isen och kasta den på ett säkert sätt, gärna i rinnande vatten.

BESKYDD - FÅ BORT ETT SVARTSJUKT EX

 *Används med försiktighet*

Förberedelser

Skapa en lugn och tyst plats där du inte blir störd. Om du kan, gör det på en natt när månen är i en nedåtgående fas, som en symbol för att släppa taget om det förflutna. Ljus: Ha ett svart ljus för att symbolisera avstånd och bortstötande av negativ energi, eller ett vitt ljus för rening och skydd.

Kristaller: Obsidian eller turmalin för att skydda dig från negativ energi. Om du inte har dessa, kan du också använda en vanlig sten som du "*laddar*" med avsikt för att fungera som skydd.

Papper och penna: Ha ett papper och en penna nära dig för att skriva ner dina tankar och känslor.

Rökelse eller salvia: (*valfritt*): För att rensa utrymmet och skapa en renare, friare energi.

Steg 1: Skydd och avstånd
Tänd ditt ljus och sitt stilla framför det.Ta några djupa andetag, fokusera på din kropp och din energi. Föreställ dig att ett osynligt skyddande skal omger dig, och att detta skal håller alla negativa influenser ute. Föreställ dig att ditt ex är distanserat och att inget kan tränga in i din energi.

Affirmation för skydd säg: *Jag är fri från all negativ energi och svartsjuka. Jag skapar ett starkt och skyddande skal omkring mig. Alla negativa influenser reflekteras bort och återvänder till sitt ursprung.*

Steg 2: Bryt Bandet
Ta ditt papper och skriv ner ditt ex namn, följt av alla känslor som du förknippar med den personen (*svartsjuka, oro, ilska, osäkerhet – vad än som dyker upp*).
Skriv sedan, högt och tydligt, ordet "SLÄPPA" över dessa ord, och skriv ned vad du vill frigöra dig från. Detta är din symbol för att bryta bandet.

Exempel: *Jag släpper taget om alla svartsjuka känslor som du försöker projicera på mig. Jag bryter alla band av manipulation och osäkerhet."*

Klipp papperet i två delar – detta symboliserar att du klipper av alla band mellan dig och ditt ex.

Bränn papperet i en säker behållare (*till exempel. med en ljusstake eller tändare*), eller begrav det om du inte vill använda eld. När papperet brinner eller försvinner, tänk på att all den negativa energin också försvinner.

Steg 3: Stärk din energi

Placera dina kristaller (*obsidian eller turmalin*) vid ditt ljus eller på ett ställe som känns kraftfullt för dig. Låt dessa kristaller verka som ett skydd för dig, och påminn dig själv om att du är värd att vara fri från negativ energi.
Visualisera ditt framtida jag som stark, fri och i fred. Föreställ dig att du går vidare i livet utan att bli påverkad av ditt ex svartsjuka eller negativa känslor. Visualisera dig själv omgiven av ljus och skydd, där du har total kontroll över din energi.

Affirmation för energi: *Jag är värd att känna frihet och harmoni.*
Jag är fri från gamla band och negativa influenser.
Jag öppnar upp för en ny framtid, fylld av positiv energi och inre frid.

Steg 4: Stäng Ritualen

När du känner att energin är rensad och du har satt dina intentioner, tacka för skyddet du har fått och stäng ljuset. Detta kan göras genom att säga: *Jag tackar för den energi och det skydd jag har fått. Jag stänger denna ritual med tacksamhet och avsked från det förflutna.*
Lämna kristallerna där de är över natten eller för en längre period för att förstärka skyddet.

Steg 5: Släpp det förflutna

För att verkligen frigöra dig från ditt ex svartsjuka och skapa den energi som gör att de inte kan påverka dig, rekommenderas att du inte längre fokuserar på eller pratar om detta ex för mycket. Skapa nya rutiner, nya positiva intonationer i ditt liv och tänk på hur du vill gå vidare.

SVART SPEGEL MOT SVARTSJUKA OCH NEGATIVA INFLUENSER

 *Används med försiktighet*

Förbered rummet:
Stäng av allt starkt ljus och sätt på ett svagt, dämpat ljus. Låt ditt svarta ljus brinna för att skydda dig under ritualen.

Placera spegeln: Sätt dig framför den svarta spegeln och håll kristaller eller amuletter om du använder dem.
Titta på spegeln och låt din blick fokusera på din egen reflektion. Känn att spegeln är ett fönster till ett annat plan av medvetande.

Skapa din intention: Innan du börjar använda spegeln, sätt en tydlig intention. Tänk på att du vill skydda dig från alla svartsjuka, negativa influenser och emotionella manipulationer som kan skickas mot dig. Tänk på att spegeln kommer att reflektera bort all negativ energi tillbaka till den källa som skickade den.

Exempel på intentioner: *All svartsjuka och negativa influenser som försöker komma mot mig reflekteras bort och vänds tillbaka till dess ursprung. Jag skyddar min energi från att bli påverkat av negativitet eller manipulation. Spegeln är min barriär mot svartsjuka och jag frigör mig från dess kraft.*

Fokus och reflektion: Titta djupt in i spegeln och fokusera på att reflektera bort alla negativa tankar och svartsjuka. Känn att varje gång du ser in i spegeln, all negativ energi kommer att studsa tillbaka till den som skickade den. Föreställ dig att spegeln har en kraftfull reflekterande energi, och att alla negativa känslor som försöker påverka dig försvinner i spegelns mörka yta.

Bekräfta avskärmning: När du känner att du har fått kontakt med spegeln och din energi är stark, upprepa din affirmation en sista gång: *Jag är skyddad. Ingen svartsjuka eller negativ energi kan komma nära mig. Min energi är min egen.*

Avslutning: Tänd ett nytt ljus om du vill avsluta ritualen med renande energi, eller släck det svarta ljuset och ge tack för skyddet du har mottagit. Ta några djupa andetag och känn att du är fri från påverkan. Lämna rummet och spegeln bakom dig, men kom ihåg att spegeln fortfarande bär på ditt skydd.

Extra tips för svart spegelmagi

Spegelritual för introspektion: Om du använder spegeln för att förstå känslor eller få klarhet i en situation, kan du titta på spegeln och försöka att släppa dina tankar. Låt spegeln visa dig bilder eller symboler som kan ge dig insikt om ditt ex, svartsjukan eller hur du ska hantera situationen.

Spegelritual för att skydda hemmet: En annan användning av svart spegelmagi är att placera en spegel på din dörr eller fönster för att reflektera bort negativa energier som försöker komma in i ditt hem.

Rensa spegeln: Om du använder spegeln ofta för att reflektera bort negativ energi, glöm inte att rensa den regelbundet med salvia eller en annan reningsmetod för att hålla dess energi fräsch och kraftfull.

Avslutande tankar: Svart spegelmagi kan vara ett mycket kraftfullt verktyg för att skydda sig mot svartsjuka, negativa influenser eller obehagliga känslomässiga band. När du arbetar med spegeln, kom ihåg att din intention är det viktigaste verktyget. Genom att fokusera på att skydda dig själv och reflektera bort negativ energi, kan du stärka din egen energi och frigöra dig från oönskade påverkan.

AVSLÖJA EN TJUV

Nål och skål-metoden
Detta är en klassisk metod där en nål rör sig mot den skyldige.

Du behöver

- En skål med vatten
- En synål
- En bit tråd
- En lista med misstänktas namn

Så här gör du
Knyt tråden till nålen och håll den över skålen.
Säg: *"Den som har tagit det som inte är deras, låt sanningen nu visa sig."*

Läs upp varje misstänkts namn långsamt. När nålen börjar röra sig eller skaka, har du funnit tjuven.

Ljusmagi för att tvinga fram sanningen
Denna ritual kan få tjuven att erkänna.

Du behöver

- Ett vitt ljus (*för sanning*) eller svart ljus (*för att blottlägga lögner*)
- Sandelträ eller rökelse
- En spegel

Så här gör du
Tänd ljuset och rökelsen.
Placera spegeln framför dig och stirra in i lågan genom spegelbilden.
Säg tre gånger: *"Ljuset brinner, sanningen glöder. Avslöja den som stal, så att rättvisa sker."*

Låt ljuset brinna ner. Du kan få en dröm, en vision eller ett oväntat erkännande.

ÄR DIN VÄN ÄRLIG

Sanningens ljus-ritual

Detta behövs

- Ett vitt ljus (*symboliserar sanning*)
- Ett svart ljus (*symboliserar avslöjande av lögner*)
- En spegel
- Rökelse (*till exempel. sandelträ eller frankincense*)

Så gör du
Tänd båda ljusen och placera spegeln framför dig. Säg högt din fråga, till exempel.
"*Är min vän ärlig mot mig?*" Stirra in i spegeln genom lågan och fokusera på vännen.
Om det vita ljuset brinner starkare, är vännen troligen ärlig. Om det svarta ljuset
fladdrar eller slocknar, kan det finnas dolda sanningar.

Pendeltestet

Pendlar används ofta för att få ja/nej-svar i magi.

Du behöver

- En pendel (*kan vara en kristall eller en ring i ett snöre*)
- Ett papper med "*Ja*" och "*Nej*" på

Så gör du
Håll pendeln stilla och fråga:
"*Är [vännens namn] ärlig mot mig?*"
Om pendeln rör sig åt vänster och
höger "*Ja*", talar de sanning.
Om den snurrar i en ring "*Nej*",
kan de dölja något.

FÖRSONINGSRITUAL
FÖR VÄNNER

Om du har haft en konflikt med en vän och vill återställa harmonin, kan du använda denna magiska ritual för att symboliskt *"begrava stridsyxan"* och bjuda in fred och försoning.

Det du behöver

- En liten sten (*symboliserar konflikten*)
- Ett vitt ljus (*fred*)
- En bit papper och penna
- En skål med vatten
- En sked salt
- En plats utomhus där du kan gräva ner stenen

Så gör du

Rena energin, tänd det vita ljuset och strö lite salt i skålen med vatten. Doppa fingrarna i vattnet och stryk det över pannan och hjärtat för att rena din egen energi inför ritualen.

Skriv ner konflikten på pappret, skriv kort vad konflikten handlade om och din intention att släppa taget om den.

Ladda stenen med energin, håll stenen i händerna och visualisera konflikten du vill lösa. Känn känslorna men föreställ dig också hur de sakta försvinner och ersätts av ljus och förståelse.

Riv sönder eller bränn pappret (*säkert!*) och säg: "*Jag släpper taget om det som varit, låter det rinna bort som vatten, må fred och vänskap växa stark igen.*"

Begrava stridsyxan

Gräv ner stenen i marken och täck över den, symboliskt begravd tillsammans med konflikten. När du gör detta, säg: "*Likt jorden tar emot stenen, låter jag det förflutna vila. Jag väljer fred, jag väljer kärlek, jag väljer förståelse.*"

Slutför ritualen, häll lite av det renade vattnet över platsen för att försegla energin. Blås ut ljuset och tacka universum, gudinnorna eller din egen inre styrka. Efter ritualen, om du känner dig redo, ta kontakt med vännen med ett öppet sinne. Var beredd att lyssna och förstå deras perspektiv. Om vänskapen är menad att bestå, kommer energin hjälpa till att hela den.

MIDSOMMARRITUAL
MAGI FÖR FRUKTBARHET
KÄRLEK OCH LYCKA

Midsommar är en av årets mest magiska nätter, fylld med energi från naturen, kärlek och förnyelse. Här är en kraftfull ritual för att dra till sig lycka, kärlek och inre harmoni under denna magiska tid.

Det du behöver

- Sju olika blommor (*gärna vilda*)
- En liten spegel (*för självinsikt och klarhet*)
- Ett vitt eller grönt ljus (*rening och naturens kraft*)
- En skål med källvatten eller regnvatten (*för att fånga midsommarens energi*)
- En bit papper och penna (*för att skriva din önskan*)
- Honung eller mjölk (*som offergåva till naturens väsen*)

Så gör du

Förbered din plats, välj en vacker plats i naturen, gärna nära vatten eller en äng. Tänd ljuset och placera skålen med vatten bredvid.

Skapa din midsommarkrans, fläta samman de sju blommorna till en krans medan du tänker på det du vill manifestera – kärlek, lycka, hälsa eller något annat. Håll spegeln ovanför skålen med vatten och titta in i den. Fråga dig själv: *Vad behöver jag släppa? Vad vill jag bjuda in i mitt liv?* Om du vill se en skymt av framtiden, kan du låta ögonen vila och låta visioner komma.

Skriv ner din önskan på pappret och vik det tre gånger. Doppa det i vattnet och viska: "*Midsommarnatt, full av magi, låt mitt hjärta få sin väg visad förbi.*"

Om du vill skicka din önskan till universum snabbt, bränn pappret och låt askan blåsa iväg med vinden. Om du vill låta önskan gro långsamt, gräv ner det vid ett träd eller en blommande buske.

Häll lite honung eller mjölk på marken som en gåva till naturväsen och tacka jorden, solen och midsommarnattens magiska krafter.

Efter ritualen - Sov med din midsommarkrans under kudden för att drömma om framtiden. Om du plockat blommor och lagt under kudden kan du drömma om din framtida kärlek. Om du gjorde ritualen för lycka, var öppen för tecken från naturen de kommande dagarna.

ADVENTSRITUAL
FÖR LJUS HOPP
OCH INRE FRID

Adventstiden är en period av förberedelse, reflektion och tacksamhet. Det är en tid då vi välkomnar ljuset in i våra liv och sätter intentioner inför vintersolståndet och det nya året. Denna ritual hjälper dig att skapa en magisk adventstradition som fyller ditt hem med värme, harmoni och andlighet.

Det du behöver

- Fyra ljus (*ett för varje adventssöndag, gärna i vitt, rött, grönt och guld*)
- En krans av granris eller vintergrönt (*symboliserar livets eviga kretslopp*)
- Rökelse eller eteriska oljor (*t.ex. frankincense, kanel eller apelsin*)
- En skål med vatten (*rening och flöde*)
- En sten eller kristall (*för stabilitet och manifestation*)
- En dagbok eller papper & penna (för reflektion och intentioner)

Ritualen steg för steg
Skapa en helig plats, välj en lugn och stillsam plats där du kan utföra ritualen. Placera ljusen i en cirkel eller i din adventskrans. Tänd en rökelse eller använd några droppar eterisk olja för att rena rummet.

Tänd det första ljuset (*Första advent – Hopp*) Fokusera på hopp och nya möjligheter. Säg: "*Jag välkomnar ljuset in i mitt liv. Jag låter hopp och förnyelse fylla min själ.*" Skriv ner något du hoppas på eller önskar uppnå under den kommande månaden.

Tänd det andra ljuset (*Andra advent – Kärlek och gemenskap*) Fokusera på kärlek – både till dig själv och andra. Säg: "*Jag öppnar mitt hjärta för kärlek och medkänsla. Jag delar mitt ljus med världen.*" Tänk på någon du vill sända kärlek till och skriv ner vad du är tacksam för i dina relationer.

Tänd det tredje ljuset (*Tredje advent – Inre kraft och visdom*) Reflektera över din inre styrka. Säg: "*Jag litar på min inre kraft och vägledning. Jag är stark, vis och balanserad.*" Håll i din kristall eller sten och visualisera hur du fylls med ljus och energi.

Tänd det fjärde ljuset (*Fjärde advent – Förberedelse och släpp taget*). Fundera över vad du vill släppa innan året är slut.
Säg: "*Jag släpper det som inte längre tjänar mig. Jag förbereder mig för en ny början.*"

Skriv ner vad du vill lämna bakom dig och bränn pappret som en symbol för frigörelse.

Avslutning av ritualen
- Doppa fingrarna i skålen med vatten och stryk över din panna som en välsignelse.
- Släck ljusen med tacksamhet och bär med dig adventens magi under veckan.
- Upprepa ritualen varje adventssöndag för att skapa en djupare andlig förbindelse med ljuset och vinterns visdom.

NYÅRSRITUAL
SLÄPP DET GAMLA OCH
VÄLKOMNA DET NYA

En nyårsritual kan fokusera på att släppa det gamla och välkomna nya möjligheter med positiv energi. Här är en enkel ritual du kan utföra på nyårsafton

Det du behöver
- Ett vitt ljus (*rening och nystart*)
- Ett svart ljus (*släpp taget om det gamla*)
- Ett pappersark och penna
- En skål med vatten eller en eldsäker skål
- Rökelser (*till exempel. frankincense eller lavendel*)

Ritualen steg för steg
Rena rummet, tänd rökelsen och rena din plats genom att cirkla den runt dig själv och dina föremål. Skriv ner det du vill släppa.

På ena sidan av pappret, skriv ner det du vill lämna bakom dig (*till exempel. gamla vanor, negativa tankar, energier*). Skriv ner dina önskningar på andra sidan, skriv vad du vill bjuda in under det nya året (*Exempel. kärlek, framgång, hälsa*).

Ljusceremoni – Tänd det svarta ljuset och läs högt vad du släpper. Bränn pappret i eldfast skål eller doppa det i vattnet för att symbolisera att du släpper det. Tänd det vita ljuset, medan ljuset brinner, visualisera dina nya intentioner och se dem manifesteras.

Tacka och avsluta, när ljusen har brunnit ut eller ritualen känns klar, tacka universum, dig själv och elementen.

SKAPA DIN EGNA HÄXPÅSE FÖR KRAFT OCH MAGI

Häxpåsar kan användas för beskydd, kärlek, lycka, healing, intuition eller vilket magiskt ändamål du vill.

Material
- En liten tygpåse (*helst i naturmaterial som bomull, linne eller sammet*)
- Örter och växter (*välj beroende på ditt syfte, till exempel. lavendel för lugn, basilika för rikedom, rosmarin för beskydd*)
- Kristaller eller stenar (*exempel, ametist för andlig visdom, rosenkvarts för kärlek*)
- Symboliska föremål (*sigill, runor, små föremål som representerar din intention*)
- Eteriska oljor (*valfritt, men kan förstärka energin*)
- Ett pappersark och en penna (*för att skriva din intention*)
- Snöre eller band (*att försegla påsen med*)

Skapa ett heligt utrymme, tänd ett ljus, rökelse eller spela lugn musik för att rena energin. Sätt din intention, vad ska din häxpåse användas till? Skriv ner en kort affirmation eller önskan på papperet.

Fyll påsen, lägg i de valda örterna, stenarna och symbolerna medan du fokuserar på din intention. Ladda påsen med energi, håll påsen i dina händer och visualisera hur den fylls med magisk energi. Du kan också viska en besvärjelse över den.

Försegla den, knyt ihop påsen med snöret eller bandet och säg orden: "*Magi i denna påse vävd, kraft och vilja här är vävd. Jag kallar energi att stanna kvar, så är det sagt, så blir det kvar.*"

Ha med dig häxpåsen i väskan vart du en går, lägg den under kudden, vid ytterdörren eller på en magisk plats beroende på dess syfte.

PENTAGRAMMET

De fem elementen, varje spets representerar ett av de klassiska elementen.

- Eld (*vilja, passion, transformation*)
- Luft (*intellekt, tanke, kommunikation*)
- Vatten (*känslor, intuition, healing*)
- Jord (*stabilitet, överflöd, fysisk värld*)
- Anden (*själens kraft, det gudomliga*) Toppen av stjärnan

Beskydd och balans, ett pentagram används ofta som en skyddssymbol och kan ristas, bäras som en amulett eller ritas i ritualer för att skapa en helig cirkel. Spirituell vägledning, inom häxkonst representerar pentagrammet harmoni mellan de fysiska och andliga världarna.

Omvända pentagrammet, ett upp och nervänt pentagram används ibland i ockultism och kan symbolisera att materien styr över anden, vilket kan ses både positivt (*jordbundenhet, inre transformation*) och negativt (*kaos, egodriven kraft*).

Användning i ritualer, många magiker och häxor ritar pentagram i luften eller på altaret för att åkalla energier och skapa skyddande barriärer.

PENTAGRAM
SKYDD OCH KRAFT

Denna ritual kan användas för att skapa ett skyddande energifält runt dig, ditt hem eller dina magiska verktyg.

Du behöver
- Ett ljus (*valfri färg, men vitt för renhet eller blått för skydd*)
- En athame (athame/kniv), trollstav eller bara ditt finger
- En plats där du kan utföra ritualen i fred

Steg för steg

Skapa en helig plats. tänd ljuset och rensa området med rökelse eller salvia.
Visualisera att en ljus sfär omger dig. Rita ett pentagram i luften, använd din athame, trollstav eller hand och rita ett pentagram i luften framför dig.

- **För beskydd**: Börja från toppen, dra ner till vänster, upp till höger, ner till höger, vänster och tillbaka upp.
- **För manifestation**: Börja från botten vänster, rita stjärnan uppåt.

Aktivera pentagrammet med energi

När du ritar pentagrammet, säg: "*Jag kallar på de fem elementen och den eviga kraften, må denna symbol skydda mig och vägleda min väg. Ljus och styrka omger mig nu, så ska det bli.*"

(*För extra kraft, åkalla elementen genom att säga deras namn vid varje spets: Jord, Luft, Eld, Vatten, Ande.*)

Försegla energin

Håll händerna framför dig och visualisera hur pentagrammet lyser med energi.
Andas djupt in och ut, känn hur skyddet bildas runt dig.
Tacka och avsluta, släck ljuset med en ljussläckare eller fingrar och säg: "*Jag tackar de krafter som varit närvarande, denna ritual är avslutad men dess energi består.*"

Tips för olika ändamål
- **För beskydd**: Rista ett pentagram på en amulett och bär den.
- **För att ladda föremål med energi**: Placera ett föremål i mitten av en pentagramcirkel och låt det absorbera kraften.
- **För att rena ett rum**: Rör dig medsols i rummet och rita pentagram i luften med rökelse eller Athame/kniven.

ÅKALLA DE SOM GÅTT FÖRE FÖR BUDSKAP OCH VÄGLEDNING

Denna ritual hjälper dig att kommunicera med dina förfäder, andar eller vägledare för att få insikter, budskap och stöd på din livsväg.

Du behöver

- Ett vitt ljus (*för andlig vägledning*) eller ett svart ljus (*för att öppna portalen till andevärlden*)
- En personlig symbol eller ett föremål kopplat till den du vill åkalla (*ett foto, smycke, en släktklenod*)
- Rökelse (*myrra, sandelträ eller lavendel*)
- En skål med vatten och en liten spegel
- En tyst och mörklagd plats

Steg för steg

Skapa en helig plats, tänd ljuset och placera föremålet som representerar den du vill kontakta framför dig. Släck andra ljuskällor och låt endast ditt ritualljus lysa. Bränn rökelsen och svep röken runt dig själv, spegeln och ljuset för att rena energin.

Öppna portalen till andevärlden: Fokusera på skålen med vatten och håll spegeln ovanför. Säg:
"*Jag öppnar vägen mellan världarna, med respekt och ödmjukhet kallar jag på de som gått före. Må endast de av ljus och kärlek träda fram.*"

Åkalla den du söker: Håll händerna över ljuset och visualisera personen eller andeväsendet du vill kommunicera med. Säg deras namn tre gånger, eller om du inte vet namnet, be om vägledning från en förfader.

Exempel:
"*[Namn], jag kallar på dig, om du hör mig och vill vägleda, ge mig ett tecken.*" Var tyst och lyssna. Du kan känna närvaro genom kyla, värme, rysningar eller bilder som dyker upp i ditt sinne.

Ta emot budskapet: Titta in i spegeln eller vattnet och se om symboler, bilder eller ord kommer till dig. Låt ditt sinne vara öppet och skriv ner det du upplever.

Tacka och stäng portalen: När du fått ditt budskap, säg:
"Jag tackar dig för din närvaro och ditt vägledande ljus. Gå nu i frid, och må kärlek omge oss båda."
Släck ljuset försiktigt och häll ut vattnet utomhus som en offergåva.

Tolka budskap

- Symboler kan komma i form av bilder, känslor eller ord. Skriv ner allt du upplever.
- Om du drömmer om den avlidna efter ritualen, kan det vara ett tecken på att de vill säga något mer.
- Använd runor eller tarotkort efter ritualen för ytterligare vägledning.

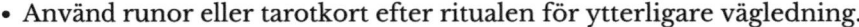

SEJD FÖR VISDOM
OCH KRAFT

Sejd är en gammal nordisk praktik där prästinnor och völvor använde sig av trance, sång och ceremonier för att se in i framtiden, tala med andar och påverka ödet. Denna ritual hjälper dig att ansluta till den gamla sejdkonsten och kalla på gudinnor och förfäder för visdom och vägledning.

En völva var en fornnordisk spåkvinna, prästinna och magiker som utövade sejd, en form av ritualmagi där hon kunde se in i framtiden, tala med andar och påverka ödet.

Völvans roll i det fornnordiska samhället, hon var en andlig ledare och vis kvinna som samhället vänder sig till i tider av kris. Völvan reste mellan byar och gårdar och förr utförde hon ritualer för att ge råd, spå framtiden eller välsigna en hövding inför strid.
Hon använde trummor, stavar och örter för att försätta sig i trance och kommunicera med andevärlden, och hade ofta kopplingar till gudinnan Freja, som var sejdens främsta beskyddare.

Tecken på en völva, hon bar på en stav (*gand*) som ett tecken på sin makt. Hon klädde sig i ceremoniella dräkter av päls och smycken med amuletter, använde sång, runor och ritualer för att förutsäga framtiden och påverka skeenden.
I den poetiska Eddan nämns völvor i flera berättelser, bland annat i "Völuspá" där en völva berättar om världens skapelse och Ragnarök.
Vill du veta mer om hur en modern völva kan arbeta idag?

Idag finns många som inspireras av den fornnordiska völvans traditioner och anpassar dem till modern tid. En modern völva kan arbeta med sejd, spådom, andlig vägledning och naturmagi.

Här är några sätt en völva idag kan praktisera sin kraft

Sejd, den fornnordiska transmagin
- Genom trumning, sång (*galder*) och meditation försätter sig völvan i trance.
- Hon kan då få visioner, kommunicera med andar och hämta vägledning från förfäderna.

Sejd kan användas för spådom, healing och att påverka ödet.

Runmagi och spådom
- Runor användes av völvor som ett sätt att tolka framtiden och förstå dolda budskap.
- En modern völva kan lägga runor, skapa sigill och utföra ritualer med runmagi.

Kontakt med naturens krafter
- Völvor var starkt kopplade till naturen och arbetade med träd, stenar, vatten och eld.
- Idag kan en völva samla heliga örter, skapa magiska drycker och utföra ritualer i skogar och vid vattendrag.

Förbindelse med förfäder och andevärlden
- Många völvor ser sig som en bro mellan de levande och de döda.
- De kan utföra förfäders ritualer, hålla minnesceremonier och ta emot budskap från andra sidan.

Gudinnans prästinna
- Freja är sejdens stora gudinna, men även Hel, Skuld och Frigg är viktiga krafter för en völva.
- En modern völva kan utföra ritualer till gudinnorna och be om deras vägledning.

Utföra völvans praktik tar tid att lära sig och det behövs en stor kunskap och lärande innan en völva kan sejda på sin stav. Det kan ta år att lära sig att sejda, dessa ritualer sker ofta i det dolda på hemliga platser där endast häxor och prästinnor är välkomna där de tillsammans håller kraften runt völvan som sejdar.

Du som vill lära dig att sejda rekommenderar jag att du tar kontakt med en prästinna som håller sejd cirklar. Kanske har du turen att få vara som en av kraftens beskyddare av völvan resa eller så kanske du en dag själv sejdar mellan världarna.

SIGILLMAGI

Sigillmagi är en kraftfull form av ceremoniell magi där man skapar ett symboliskt tecken – *Ett sigill* – för att manifestera en önskan eller intention. Sigillen fungerar som en kanal för magisk energi, där symbolerna representerar din vilja och kraft. Traditionellt sett används sigill för att åstadkomma förändringar i livet, från att uppnå specifika mål till att skydda sig mot negativ energi.

Hur du använder sigillmagi

Steg 1: Formulera din intention
Innan du skapar ett sigill, behöver du klart definiera din intention eller mål. Detta kan vara något konkret som att få bort svartsjuka från ett ex, manifestera ett nytt hem, eller skapa en barriär mot negativ energi. Tänk på vad du verkligen vill uppnå.

Exempel på intentioner

- *Skydda mig från svartsjuka och negativ energi.*
- *Stärka min inre kraft och självförtroende.*
- *Skapa ett tryggt och harmoniskt hem.*
- *Släppa taget om det förflutna och frigöra mig från gamla band.*

Steg 2: Skapa en kortfråga eller affirmationen
När du har din intention klar, skriv den på ett kort eller som en enkel mening. Denna mening ska vara tydlig och positiv, utan negativa ord. För sigillmagi är det viktigt att du bara fokuserar på vad du vill uppnå, inte på vad du vill undvika.

Exempel

- *"Jag är fri från svartsjuka och skyddad från negativ energi."*
- *"Jag har funnit mitt nya hem och skapar en trygg plats."*
- *"Jag är stark och säker i mig själv."*

Steg 3: Skapa sigillet
Nu kommer den kreativa delen av ritualen – att skapa själva sigillet.

Ta bort vokaler och upprepade konsonanter:
Titta på din affirmation och ta bort alla vokaler (*A, E, I, O, U*). Lämna kvar de konsonanter som finns i orden.

Till exempel: Mening: *"Jag är fri från svartsjuka och skyddad från negativ energi."*
Efter att ha tagit bort vokaler
"J R F R N S V R T S J K H K Y D D F R N G T N R G."
Nu har du en lista av konsonanter.

Skapa ett sigill: Använd dessa konsonanter för att skapa ett visuellt symboliskt mönster eller design. Du kan använda linjer, cirklar, och former för att sammanfläta dessa bokstäver i en konstnärlig representation. Denna process gör att din intention går från ord till bild, vilket hjälper dig att fokusera på den magiska energin.

Använd din intuition: Tänk på hur bokstäverna och formerna kan sammanfogas. Det finns ingen rätt eller fel metod. Låt kreativiteten och din energi flöda när du ritar sigillet.

Förstärk sigillet: När sigillet är klart, fokusera på din intention igen. Stäng ögonen och visualisera hur din önskan manifesteras genom detta sigill. Låt dig själv känna den positiva energin som flödar genom tecknet. Du kan lägga till extra magiska symboler om du vill, såsom stjärnor, månar, eller andra kraftfulla mönster som stärker sigillets energi.

Steg 4: Aktivera sigillet
För att få magin att fungera behöver sigillet aktiveras, vilket görs genom att föra in din personliga energi i det.

Meditation eller visualisering
- Sätt dig bekvämt och håll sigillet framför dig, eller placera det på ett altare om du har ett.
- Fokusera på din intention och se hur den träder i kraft. Föreställ dig att din önskan manifesteras, och se hur den positiva energin fyller rummet, dig själv, eller den situation du vill förändra.

Tända ett ljus
- Tänd ett ljus (helst i en färg som symboliserar din intention – vitt för rening, rött för passion, grönt för tillväxt, svart för skydd). Placera sigillet nära ljuset, och låt flammorna förstärka din intention.

Andning och fokus: Andas djupt och fokusera på din intention medan du tittar på sigillet. Låt varje utandning frigöra mer energi för att manifestera din önskan. Du kan säga en kraftfull affirmation medan du tittar på sigillet, exempelvis: *"Denna magi är aktiv och jag manifesterar min önskan genom detta sigill."*

Steg 5: Förvara sigillet

När sigillet är aktiverat kan du förvara det på olika sätt

- **Bär det som talisman**: Om du har skapat sigillet på ett papper, kan du bära det som en talisman i en ficka eller ett smycke.
- **Bränn sigillet**: Ett vanligt sätt att avsluta sigillmagi är att bränna sigillet efter att det aktiverats, vilket symboliserar att intentionen har satts i rörelse och släppts ut i universum.
- **Förvara det på ett altar eller en säker plats**: Om du vill behålla sigillet som en påminnelse om din magi och intention, kan du förvara det på en plats som känns speciell eller skyddad.

Steg 6: Avsluta ritualen

När du känner att sigillet är aktiverat och att din energi har flödat genom det, kan du avsluta ritualen genom att, tacka universum eller de väsen/gudinnor du jobbar med för deras hjälp. Släcka ljuset (*eller låta det brinna ut av sig självt*). Tänka på din intention varje gång du ser sigillet, så att du förblir fokuserad på att manifestera den.

Tips för att stärka sigillmagi

- **Tidsbundet arbete**: Om du vill att sigillet ska ha en specifik tidsram, kan du skriva datumet då du vill att din intention ska vara manifesterad. Detta kan ge dig ett sätt att fokusera på när din önskan ska uppfyllas.
- **Använd andra magiska tekniker**: Kombinera sigillmagi med andra tekniker som rökelse, kristaller eller visualisering för att förstärka effekten.

Sigillmagi är en kraftfull och kreativ väg för att fokusera dina intentioner och manifestera förändringar i ditt liv. Eftersom varje sigill är skräddarsytt efter din personliga vilja, är magin alltid unik och har en stark koppling till din egen energi.

RUNOR

Runor är inte bara ett skriftsystem utan också ett kraftfullt verktyg för magiska och spirituella ändamål. De har kopplingar till naturkrafter, nordiska gudar och universella energier.

Runornas koppling till magi

- **Symbolik och kraft**: Varje runa är laddad med specifika energier och har både en praktisk och andlig betydelse.
- **Ristningar och besvärjelser**: Runor ristades ofta på vapen, smycken, stenar eller trä för att ge skydd, styrka eller framgång.
- **Mytologiskt ursprung**: Enligt den nordiska mytologin offrade Oden sig själv för att få kunskap om runorna. Han hängde i nio dagar och nätter på världsträdet Yggdrasil och erhöll därmed runornas visdom.

Magisk användning av runor

- **Beskydd**: Runor som Algiz (ᛉ) och Thurisaz (ᚦ) används för att skapa skyddande energier.
- **Framgång och välstånd**: Fehu (ᚠ) och Jera (ᛃ) används i ritualer för att attrahera rikedom och framgång.
- **Helande**: Laguz (ᛚ) och Uruz (ᚢ) associeras med läkning och vitalitet.
- **Kärlek och relationer**: Gebo (ᚷ) används för att stärka partnerskap och balansera relationer.
- **Transformation och vägledning**: Ansuz (ᚨ) och Raidho (ᚱ) används för att få klarhet, vägledning eller hantera livets förändringar.

RUNRITUALER

1. Runristning
Runa-magi innebär ofta att rista eller måla runor på olika objekt, till exempel:
- Amuletter: Bär en ristad runa på en sten eller ett smycke för att hålla dess energi nära.
- Böner och besvärjelser: Rista in på trä eller sten för att förstärka intentioner på dina magiska ritualverktyg.

2. Runor i praktiken
Runor kastas eller dras för att få insikter i frågor som rör framtid, relationer eller andlig vägledning.
- Runpåse: 24 runor från den äldre futharken placeras i en påse och dras slumpmässigt.
- Tolkning: Hur runorna landar (stående, upp och ner eller vinklade) kan påverka deras betydelse.

3. Bindrunor
En bindruna skapas genom att kombinera flera runor till en enda symbol. Detta förstärker energierna och riktar dem mot ett specifikt mål, till exempel:

- Skydd och trygghet.
- Framgång i arbete eller projekt.
- Attrahera kärlek och balans.

Kraftfulla runor och deras magiska användning

Fehu (ᚠ): Rikedom, överflöd och framgång. Används i ritualer för ekonomisk tillväxt.

Uruz (ᚢ): Styrka, hälsa och energi. Bra för healing och personlig kraft.

Algiz (ᛉ): Beskydd och säkerhet. Används för att skapa skyddande barriärer.

Sowilo (ᛋ): Framgång, seger och klarhet. Kopplad till solens energi.

Laguz (ᛚ): Flöde, intuition och känslomässig balans. Bra för att stärka andlig kontakt.

TOLKA RUNORNA

Första ätten (*Frejs ätt - Kopplat till välstånd och jordens krafter*)
Fehu

ᚠ

- **Betydelse**: Rikedom, framgång, överflöd.
- **Tolkning i spådom**: Ekonomiska möjligheter, framgång i projekt. Omvänt: Förlust, stagnation.

Uruz

ᚢ

- **Betydelse**: Styrka, vitalitet, hälsa.
- **Tolkning i spådom**: Personlig kraft och energi. Omvänt: Svaghet, förlorad kraft.

Thurs

ᚦ

- **Betydelse**: Skydd, utmaningar, hinder.
- **Tolkning i spådom**: En möjlighet att överkomma hinder. Omvänt: Impulsivitet, fara.

Ass

ᚨ

- **Betydelse**: Visdom, kommunikation, gudomlig inspiration.
- **Tolkning i spådom**: Klarhet, andligt vägledning. Omvänt: Missförstånd, falsk information.

Reid

ᚱ

- **Betydelse**: Resa, rörelse, livets väg.
- **Tolkning i spådom**: Framsteg, förändring, fysisk eller andlig resa. Omvänt: Förseningar, avbrott.

Kaun

ᚲ

- **Betydelse**: Upplysning, kreativitet, kunskap.
- **Tolkning i spådom**: Inspiration och inre ljus. Omvänt: Förlust av klarhet, osäkerhet.

Giof

ᚷ

- **Betydelse**: Gåvor, partnerskap, balans.
- **Tolkning i spådom**: Starka relationer, ömsesidighet. Har ingen omvänd position.

Wynja

- **Betydelse**: Glädje, harmoni, framgång.
- **Tolkning i spådom**: Lycka, uppfyllda drömmar. Omvänt: Konflikter, missnöje.

Andra ätten (*Heimdalls ätt - Kopplat till utmaningar och transformation*)

Hagalaz

- **Betydelse**: Förstörelse, naturens krafter, nystart.
- **Tolkning i spådom**: Oväntade utmaningar som leder till förändring. Har ingen omvänd position.

Naud

- **Betydelse**: Behov, prövning, motgång.
- **Tolkning i spådom**: Lärdom genom svårigheter. Omvänt: Uthållighet krävs för att överkomma hinder.

Is

- **Betydelse**: Stillhet, stagnation, is.
- **Tolkning i spådom**: En period av paus och reflektion. Omvänt: Kan signalera brist på rörelse framåt.

Jara

- **Betydelse**: Skörd, resultat, cykler.
- **Tolkning i spådom**: Belöning efter hårt arbete. Har ingen omvänd position.

Eihwaz

- **Betydelse**: Skydd, transformation, styrka.
- **Tolkning i spådom**: En kraftfull tid av inre växande. Har ingen omvänd position.

Perthru

- **Betydelse**: Mystik, öde, chanser.
- **Tolkning i spådom**: Dolda sanningar och möjligheter. Omvänt: Förlust, osäkerhet.

Algiz

- **Betydelse:** Skydd, andlig kontakt, säkerhet.
- **Tolkning i spådom:** Andligt stöd och skydd. Omvänt: Överexponering, sårbarhet.

Sol

- **Betydelse:** Sol, framgång, seger.
- **Tolkning i spådom:** Klarhet och triumf. Har ingen omvänd position.

Tredje ätten (*Tyrs ätt - Kopplat till andlighet och kosmiska krafter*)

Tyr

- **Betydelse:** Rättvisa, mod, ledarskap.
- **Tolkning i spådom:** Stå upp för det rätta, beslutsamhet. Omvänt: Osäkerhet, förlust av fokus.

Bjarkan

- **Betydelse:** Tillväxt, fertilitet, födelse.
- **Tolkning i spådom:** Början på något nytt. Omvänt: Stagnation, svårigheter med utveckling.

Eh

- **Betydelse:** Rörelse, framsteg, lojalitet.
- **Tolkning i spådom:** Samarbete och balans. Omvänt: Osäkerhet, avbrott.

Madr

- **Betydelse:** Mänsklighet, samarbete, jaget.
- **Tolkning i spådom:** Reflektion över sig själv och sin plats i världen. Omvänt: Isolation, självtvivel.

Laguz

- **Betydelse:** Intuition, flöde, vatten.
- **Tolkning i spådom:** Låt intuitionen guida dig. Omvänt: Obalans, känslomässig förvirring.

Ingus

- **Betydelse**: Inre tillväxt, potential, frid.
- **Tolkning i spådom**: Uppfyllelse och förberedelse för en ny början. Har ingen omvänd position.

Dagaz

- **Betydelse**: Dagen, transformation, genombrott.
- **Tolkning i spådom**: En ny början och klarhet. Har ingen omvänd position.

Odal

- **Betydelse**: Arv, hem, trygghet.
- **Tolkning i spådom**: Koppling till rötter och familj. Omvänt: Förlust av stabilitet eller hemkänsla.

Tomma runan

- **Betyder**: Allt beror på ödet.
- **Tolkning i spådom**: Låt allt falla på plats som de ska, du kan inte påverka situationen.

SPÅ I RUNOR

Låt runorna berätta vad som sker - Månad: _____

Dåtid	Nutid	Framtid

Kastade runor

Fråga:

Tolkning av runorna

_____
_____
_____
_____
_____
_____
_____
_____
_____
_____

DIN TOLKNING AV RUNOR

DRÖMRITUAL MED RUNOR OCH GUDINNOR

Skapa en helig plats
- Rena ditt sovrum med rökelse (*till exempel. salvia eller enbär*).
- Ställ dig vid ditt altare med en runa du vill arbeta med, samt en symbol för en gudinna du känner dig dragen till (*till exempel. Freja för kärlek, Hel för transformation*).

Välj en runa
- Dra nu en runa innan du går och lägger dig. Lägg den under kudden eller på nattduksbordet.

Exempel
- Ansuz: Gudomlig kommunikation och budskap.
- Laguz: Intuition och drömmedvetenhet.
- Perthro: Skuggor, öde och hemligheter som avslöjas i drömmar.

Se sidorna 197 till 200 Runornas betydelse.

Bön eller intention
- Be gudinnan du valt om att skicka budskap genom drömmen.

Exempel "*Freja, visa mig vägen genom nattens slöjor. Låt runornas visdom uppenbaras i mina drömmar.*"

Drömjournal
När du vaknar, skriv ner allt du minns, även om det bara är en känsla eller en symbol. Tolka dina drömmar genom runans energi – vad försöker den säga dig?

DRÖMMAR

Att skriva drömjournal eller drömdagbok kan du göra av flera olika anledningar. Kanske vill du komma ihåg vad du drömmer
om natten, kanske vill du komma ihåg flera drömmar, eller så vill du samla underlag för att börja klar drömma.

Att regelbundet föra drömjournal leder till att du ganska snart minns fler drömmar per natt. När du börjar föra journal på dina drömmar kanske du bara kommer ihåg en dröm per natt,
eller enbart fragment av en dröm.

I takt med att du blir bättre och bättre på att föra journal över dina drömmar, kommer du upptäcka att du minns fler och fler och att bilderna blir tydligare och tydligare. Efter en tids veckor eller någon månad kommer du att minnas tre, fyra, fem drömmar per natt.

Styr dina drömmar
När du kommit i takt med dina drömmar kan du börja styra dom. Där du kan påverka dina drömmar utefter vad du behöver förstå eller vad du behöver i ditt dagliga vakna liv, om du behöver agera på ett speciellt sett eller förhindra något, det som kallas för att klar drömma. Skriv ner det du vill kunna påverka i dina drömmar och lägg under din kudde.

Exempel
Drömmer jag att bli jagad i drömmen ska jag i drömmen knytamin hand hårt som gör att jag vaknar. Skriv egna noteringar som kan hjälpa dig vakna eller hoppa mellan drömmarna, som att gå in i en ny dröm som är mer lugnare där du kan drömma vidare i en lugn och bekväm sömn.

Drömjournal

Datum:	Vilken tid vaknade du?
Vem var du i drömmen?	Själv i drömmen:
Hur du kände dig i din dröm:	Hur känner du nu:
Drömsymboler:	Tolkning:

Skriv ner din dröm

ANTECKNINGAR

ANTECKNINGAR

ANTECKNINGAR

I KÖKET HOS EN HÄXA

PRÄSTINNOR OCH MAT

Prästinnor i olika traditioner har använt mat som en helig handling, både för att hedra gudarna och för att näring och magi ska samverka. Genom historien har matlagning varit en del av ritualer, ceremonier och tempelarbete.

Mat som magiskt verktyg

Mat anses vara en bärare av energi och intentioner. Prästinnor har använt mat och dryck för:
- Åkallan av gudomliga krafter (*offer och rituell mat*)
- Helande och beskydd (*örter och rituella rätter*)
- Firande av årstidscykler (*sabbater och fester*)
- Transcendens och andlig kommunikation (*fasta och visioner*)

Exempel på prästinne mat genom historien

- **Antikens Grekland – Prästinnor av Demeter och Persefone**
Honungskakor och bröd av korn – Användes i Eleusinska mysterierna, symboliserade liv och dödscykeln.
- **Egyptiska tempel prästinnor – Gudinnan Isis**
Vin, fikon & dadlar – Offrades och åts för att ta in gudomlig energi.
- **Nordiska völvor och sejdkvinnor**
Kött & mjöd – Offrades till gudar och andeväsen vid blot.
- **Kelterna – Prästinnor av Brigid**
Mjölk & ost – Helig föda vid Imbolc som symboliserade fertilitet.

Nutida prästinnor och rituell matlagning

Idag kan prästinnor skapa mat som en ceremoniell handling:
- **Laddade bröd** – Bakade med symboler och örter för att bära magisk kraft.
- **Helande drycker** – Örtteer för rening, drömarbete och andlig kontakt.
- **Rituella måltider** – Sabbatsmåltider där varje ingrediens har en betydelse.

CEREMONIELL
RÄTT HARMONIENS MÅLTID

Ingredienser
- Grönsaker: En blandning av gröna blad (*spenat, grönkål, ruccola*) för att representera rening och skydd.
- Blommor: ätbara blommor (*till exempel. lavendel, violer eller rosenblad*) för att symbolisera den heliga feminina energin och kopplingen till naturen.
- Quinoa eller ris: som bas för stabilitet och näring, symboliserar jorden.
- Höga proteiner: som linser, bönor eller tempeh för att ge styrka och energi.
- Örter: Salvia (*för rening*), rosmarin (*för skydd*) och timjan (*för mod och skydd*).
- Frukt: Granatäpple för förnyelse och livskraft, eller fikon för visdom.
- Örtsalt: för att skapa balans och lyfta energin i rätten.

Tillagning
- Förbered grönsaker: Stek eller ångkoka de gröna bladen för att bevara deras näring. Tänk på att vara tyst och medveten under denna process, då maten ska tillagas med intention.
- Koka quinoa eller ris: Låt det koka långsamt medan du intonerar en affirmation av skydd och rening, som "*Jag är ren, jag är hel, jag är skyddad*".
- Tillsätt höga proteiner: Koka linser eller bönor och tillsätt dem till grönsaksbasen för att skapa en näringsrik grund.
- Förbered örterna: Kasta en handfull av de heliga örterna (*salvia, rosmarin, timjan*) i en het panna för att släppa ut deras aromatiska krafter innan du tillsätter dem i rätten.
- Lägg till frukt: Fördela granatäpple eller fikon över rätten för att symbolisera livskraft och visdom.
- Final touch: Ringla lite olivolja och strö över örtsalt för att ge smak och energi.

Ceremoniellt upplägg
Ställ rätten på ett altare eller en ceremoniell plats. Tänd ett ljus eller rökelse (*gärna lavendel eller salvia*). Håll ett kort böneritual eller en tyst stund för att meditera på intentionen av skydd och rening, innan du smakar på maten. Med varje tugga, fokusera på att släppa all negativ energi och fylla dig med kärlek, balans och inre frid.

SABBATSBRÖD
ĪMBOLC (I-2 FEBRUARI)

Imbolc är en tid för rening, nystart och ljusets återkomst. Detta bröd är inspirerat av Brigid, gudinnan för kreativitet, eld och fruktbarhet. Det är ett mjukt och ljust honungsbröd som symboliserar solens växande kraft och den kommande våren.

Ingredienser
- 5 dl vetemjöl (*eller en blandning av vete och råg för mer jordig energi*)
- 2 tsk bakpulver
- 1/2 tsk salt
- 2 msk smör eller kokosolja
- 2 msk honung (*symboliserar sötman i det nya året*)
- 2 dl mjölk (*gärna växtbaserad*)
- 1/2 tsk torkad rosmarin (*rening och skydd*)
- 1/2 tsk torkad timjan (*läkning och styrka*)

Ritual: Innan du börjar, tänd ett ljus (*gärna vitt*) och fokusera på din intention. Visualisera ljuset växa inom dig medan du bakar.

Knådning: Medan du knådar degen, viska en affirmation som till exempel. "*Ljus och hopp växer i mig, Imbolcs kraft leder mig.*"

Rista in en solsymbol eller runan: Sol (ᛋ) på brödet före gräddning för att kalla in ljuset.

Så här gör du
- Sätt på ugnen på 200°C.
- Blanda mjöl, bakpulver och salt i en skål.
- Tillsätt smör/kokosolja och smula in det i mjölet.
- Värm mjölken lätt och rör ner honungen.
- Blanda de torra och våta ingredienserna tills du får en mjuk deg.
- Knåda in örterna och forma brödet till en rund solformad limpa eller små bullar.
- Grädda i ca 20-25 minuter tills det fått en gyllene yta.

Ät brödet vid en Imbolc-ceremoni för att välkomna ljuset. Offra en bit till elden eller naturen som en gåva till Brigid. Dela det med vänner eller familj för att sprida positiv energi.

SABBATSBRÖD
OSTARA (19-23 MARS)

Ostara är en tid för balans, pånyttfödelse och fruktbarhet när dagen och natten är lika långa. Det är en sabbat för att välkomna våren, växtkraften och livets återkomst. Ett lätt, fluffigt och gyllene bröd passar perfekt för denna ljusa högtid.

Ingredienser
- 5 dl vetemjöl eller dinkelmjöl (*för jordens fruktbarhet*)
- 2 tsk bakpulver (*för lätthet och växande energi*)
- 1 tsk salt (*för balans och stabilitet*)
- 2 msk honung eller lönnsirap (*för sötma och överflöd*)
- 1 dl hackade örter (*t.ex. rosmarin, timjan eller lavendel för beskydd och vårens kraft*)
- 1 dl solrosfrön eller pumpafrön (*för solens energi och fertilitet*)
- 1,5 dl mjölk eller växtbaserad mjölk (*för näring och harmoni*)
- 1 ägg eller linfröägg (*1 msk linfrö + 2 msk vatten*)
- 50 g smör eller kokosolja

Ritual
Tänd gröna, gula eller vita ljus och fokusera på dina intentioner.
Medan du blandar de torra ingredienserna, viska:
"Jorden vaknar, solen ler. Vårens kraft jag nu begär."
Knåda degen med kärlek och rista in en symbol, till exempel.: Haren för fruktbarhet och tillväxt. Spiralen för förändring och livets cykel
Bjarkan-runan (*för nystart och skydd*)

Så här gör du
- Sätt ugnen på 175°C.
- Blanda alla torra ingredienser i en skål.
- Tillsätt mjölk, smält smör och ägg, rör ihop till en smidig deg.
- Forma små brödbullar eller en kransform (*symboliserar vårens cykel*).
- Låt degen vila i 15 minuter.
- Pensla med lite honung och strö över extra frön.
- Grädda i ugnen i 25 minuter tills brödet fått en gyllene färg.

Ät brödet vid ditt Ostara-firande för att ta in vårens energi. Dela det med nära och kära för att fira nystart och vänskap. Placera en bit på ditt altare eller i naturen som en gåva till vårgudinnorna och naturväsen.

SABBATSBRÖD
BELTANE (30 APRIL – 1 MAJ)

Beltane är en högtid för passion, fruktbarhet och livets blomstring. Eldens och kärlekens sabbat firar föreningen mellan gud och gudinna, samt naturens fulla kraft. Detta söta och kryddiga bröd, inspirerat av Beltanes eld och fruktbarhet, innehåller honung och värmande kryddor som stärker livskraften.

Ingredienser
- 5 dl vetemjöl
- 2 tsk bakpulver
- 1/2 tsk salt
- 1 tsk kanel (*passion och beskydd*)
- 1/2 tsk ingefära (*eld och livskraft*)
- 1/2 tsk muskot (*andlig koppling*)
- 2 msk smör eller kokosolja
- 3 msk honung (*sötma och glädje*)
- 2 dl mjölk (*gärna växtbaserad*)
- 1 dl torkad frukt (*russin, fikon eller aprikoser, symboliserar fruktbarhe*t) och 1/2 dl hackade nötter (*mandel eller valnöt för styrka och stabilitet*)

Ritual: Tänd ett rött ljus (*symboliserar passion*) och ett grönt ljus (*symboliserar fruktbarhet och överflöd*). Visualisera din intention för Beltane medan du bakar. Känn glädjen och eldens energi. Knåda degen med kärlek, och rista in en spiral, en solsymbol eller runan Giof (X) för förening och balans. Sjung eller nynna en Beltane-besvärjelse medan du rör ihop ingredienserna, exempelvis: "*Eldens kraft, livets frö, Beltanes låga, låt mig växa.*

Så här gör du
- Sätt ugnen på 200°C.
- Blanda alla torra ingredienser i en skål.
- Smält smör/kokosolja och blanda med honung och mjölk.
- Häll de våta ingredienserna i de torra och blanda till en jämn deg.
- Knåda in frukt och nötter.
- Forma brödet till en rund solformad limpa eller små bullar.
- Grädda i ca 20-25 minuter tills det fått en gyllene yta.

Ät brödet vid en eldceremoni eller Beltane-fest för att fira livets glädje. Offra en bit till elden eller jorden som en gåva till naturen.

SABBATSBRÖD
LITHA (19–23 JUNI)

Litha är årets ljusaste tid, en sabbat fylld av solens kraft, eldens energi och naturens blomstring. Den firas med eldar, blomsterkransar och magi för överflöd, styrka och beskydd. Detta gyllene solbröd, med honung och solrosfrön, hedrar solen och bringar lycka och energi.

Ingredienser
5 dl vetemjöl (*jordens kraft*)
2 tsk bakpulver
1/2 tsk salt
1/2 dl solrosfrön (*solens välsignelse*)
1 tsk gurkmeja (*för gyllene färg och solens energi*)
1/2 dl honung (*överflöd & livskraft*)
2 dl mjölk (*eller växtbaserad dryck*)
2 msk smör eller kokosolja
1/2 dl torkade aprikoser eller russin (*symboliserar solens fruktbarhet*)

Ritual
Tänd ett gult ljus för att hedra solen. Rör ihop ingredienserna med en solformad rörelse, och tänk på det du vill manifestera under årets andra halva. Knåda in din intention, viska en besvärjelse, exempelvis: "*Solens kraft, ge mig styrka, ljuset flödar, allt ska gro.*"
Rista in en solsymbol eller runan Sol på brödet för att dra till dig solens energi.

Så här gör du
- Sätt ugnen på 200°C.
- Blanda mjöl, bakpulver, salt, solrosfrön och gurkmeja i en skål.
- Smält smöret/kokosoljan och blanda med honung och mjölk.
- Häll de våta ingredienserna i de torra och blanda till en jämn deg.
- Knåda försiktigt in frukten och forma brödet till en rund solform eller mindre solbröd.
- Grädda i ca 20-25 minuter tills det fått en vacker gyllene färg.

Ät brödet vid en Litha-ceremoni för att absorbera solens kraft.
Dela det med nära och kära för att sprida ljus, kärlek och energi.
Offra en bit till naturen eller elden för att tacka solen och jorden.

SABBATSBRÖD
LAMMAS (1 AUGUSTI)

Lammas är skördehögtiden som firar överflöd, tacksamhet och solens sista kraft. Detta är den första skördefesten, då säden bärgas och bröd bakas som en offergåva till gudarna och jorden. Ett gyllene skördebröd laddat med kraftfull intention och magi är perfekt för firandet.

Ingredienser
- 6 dl vetemjöl (*symboliserar skörden och jordens gåvor*)
- 1/2 tsk salt
- 2 tsk torrjäst
- 1 msk honung (*för sötma och välsignelse*)
- 2 dl ljummet vatten
- 2 msk olivolja eller smör
- 1/2 dl krossade havregryn eller solrosfrön (*för styrka och tillväxt*)
- 1/2 tsk kanel eller muskot (*för skydd och lycka*)

Ritual
Tänd ett ljus i guld, orange eller gult för att hedra solen och skörden.
Sikta mjölet i en cirkelrörelse och tänk på allt du är tacksam för. Knåda in din intention, exempelvis: "*Jordens gåva, solens sken,*
Överflöd och kraft i varje sten." Forma brödet som en kärve, en cirkel eller en sol, du kan också rista in en symbol som en skördespiral eller runan Giof för tacksamhet.

Så här gör du
- Blanda mjöl, salt, jäst och kryddor i en skål.
- Rör ut honungen i det ljumma vattnet och häll ner i mjölblandningen.
- Tillsätt olivolja/smör och knåda degen i 10 minuter.
- Låt jäsa i ca 1 timme på en varm plats.
- Forma brödet och låt jäsa ytterligare 30 minuter.
- Grädda i 200°C i ca 20–25 minuter tills det fått en gyllene färg.

Ät brödet under din Lammas ritual för att hedra skörden och din egen tillväxt. Bryt brödet med vänner och familj för att dela välsignelserna. Offra en bit till jorden eller elden som tacksamhet till Moder Jord och solens kraft.

SABBATSBRÖD
MABON (19–23 SEPTEMBER)

Mabon är höstdagjämningen, då dag och natt är i perfekt balans. Det är en tid att fira skörden, reflektera över året och tacka naturen för dess gåvor. Ett värmande, kryddigt bröd med höstens smaker är perfekt för denna sabbat.

Ingredienser
5 dl vetemjöl (*jordens näring och stabilitet*)
1 tsk salt
1 tsk kanel (*för beskydd och inre balans*)
½ tsk muskotnöt (*för andlig styrka*)
1 tsk bikarbonat
1 dl hackade valnötter (*visdom och jordens rikedom*)
1 äpple, rivet (*kunskap, visdom och överflöd*)
2 msk honung (*för sötma och tacksamhet*)
2 dl filmjölk eller växtbaserad yoghurt (*för jäsning och livets cirkel*)

Ritual
Tänd ett ljus i rött, orange eller guld för att symbolisera skördens kraft. Rör ihop ingredienserna med intention, till exempel:
"*Jordens skörd, solens sken, Tacksamhet i brödets ben.*"
Knåda varsamt och fokusera på balans i ditt liv, du kan även rista in en runa eller symbol som Jara (*för skörd*) eller Algiz (*för skydd*).

Så här gör du
- Blanda alla torra ingredienser i en skål.
- Riv äpplet och blanda med honung och filmjölk/yoghurt.
- Häll ner den blöta blandningen i de torra ingredienserna och rör om tills det blir en jämn smet.
- Forma ett runt bröd och lägg på en plåt med bakplåtspapper.
- Grädda i 175°C i ca 30–40 minuter, tills brödet är gyllenbrunt.

Ät brödet vid din Mabon-ritual för att hedra skörden och livets balans. Dela med nära och kära för att stärka band av vänskap och gemenskap. Offra en bit av brödet till naturen för att tacka Moder Jord och förbereda dig för den mörkare årstiden.

SABBATSBRÖD
SAMHAIN (31 OKT-1 NOV)

Samhain markerar årets slut och början på det nya året i den hedniska kalendern.
Det är en tid för att hedra förfäder,
kommunicera med andevärlden och släppa taget om det gamla.
Ett djupt smakrikt och mörkt bröd med höstiga kryddor och symboliska
ingredienser är perfekt för denna sabbat.

Ingredienser

- 5 dl rågmjöl eller grovt vetemjöl (*för jordens stabilitet och förfädernas näring*)
- 1 tsk salt (*för rening*)
- 1 tsk kanel (*för skydd och andlig insikt*)
- ½ tsk kryddnejlika (*för kommunikation med andevärlden*)
- 1 tsk bikarbonat (*för transformation*)
- 1 dl torkade svarta vinbär eller russin (*för att hedra förfädernas visdom*)
- 1 msk mörk sirap eller honung (*för att dra till sig ljus i mörkret*)
- 2 dl mörk öl, must eller vatten (*för att stärka kopplingen till andevärlden*)

Ritual

Tänd svarta, lila eller vita ljus och fokusera på dina intentioner.
Medan du blandar de torra ingredienserna, viska: "*Genom tidens skuggor hör jag er röst.
Förfäder, vägled mig vid nattens höst.*"
Knåda medvetet och rista in en symbol, till exempel.: Ass (*för andlig kontakt*) Algiz (*för beskydd*).

Så här gör du

- Blanda alla torra ingredienser i en skål.
- Rör ner sirap och den valda vätskan, blanda försiktigt.
- Forma ett runt bröd och lägg på en plåt med bakplåtspapper.
- Grädda i 175°C i ca 40 minuter, tills det är genomgräddat.

Ät brödet under din Samhain-ritual för att hedra de döda och stärka din intuition.
Dela det med familj och vänner för att stärka bandet mellan de levande och dem
som gått före. Lägg en brödbit vid ett altare eller i naturen som en gåva till andarna.

SABBATSBRÖD
YULE (19-23 DECEMBER)

Yule markerar årets mörkaste natt, men också återkomsten av ljuset. Det är en tid för glädje, beskydd, tacksamhet och nystart. Ett gyllene, kryddigt och värmande bröd är perfekt för att fira solens återkomst.

Ingredienser
- 5 dl vetemjöl eller dinkelmjöl (*för solens återfödelse och fruktbarhet*)
- 1 tsk salt (*för beskydd och balans*)
- 2 tsk kanel (*för kärlek och andlig insikt*)
- 1 tsk ingefära (*för styrka och värme*)
- ½ tsk muskot (*för helande och lycka*)
- 1 dl hackade nötter eller mandlar (*för jordens kraft*)
- 1 dl honung eller lönnsirap (*för överflöd*)
- 2 dl mjölk eller växtbaserad mjölk (*för näring och omvårdnad*)
- 1 påse torrjäst eller 25 g färsk jäst (*för transformation och förnyelse*)
- 1 ägg eller chiaägg (*1 msk chiafrön + 2 msk vatten*)

Ritual
Tänd röda, gröna eller guldljus och fokusera på dina intentioner.
Medan du blandar de torra ingredienserna, viska: "*Solens eld och vinterns kraft. Ljusets återkomst ger mig saft.*"
Knåda med kärlek och rista in en symbol, till exempel.: Solhjulet för solens återkomst Fehu (*för överflöd*) Algiz (*för beskydd*).

Så här gör du
- Värm mjölken till 37°C (*fingervarmt*) och lös upp jästen i den.
- Blanda alla torra ingredienser i en skål och rör ner mjölkblandningen.
- Tillsätt honung och ägg, knåda till en smidig deg.
- Låt jäsa under en duk i ca 45 minuter.
- Forma till en solsymbol, en krans eller ett traditionellt bröd.
- Låt jäsa ytterligare 30 minuter.
- Pensla med lite smält smör och grädda i 175°C i ca 30 minuter.

Ät brödet vid ditt Yule-firande för att fira solens återkomst och bjuda in ljuset. Dela det med nära och kära för att stärka banden mellan er. Lägg en bit vid ditt altare eller i naturen som en gåva till andarna och naturväsen.

HARMONIENS MÅLTID

Ingredienser (*4 portioner*)

Bas och proteiner
- 2 dl quinoa eller vildris
- 4 dl vatten
- 1 tsk havssalt
- 2 dl kokta kikärtor eller linser

Grönsaker och frukt
- 100 g färsk babyspenat
- 100 g grönkål (finskuren)
- 1 dl granatäpplekärnor
- 4 färska fikon eller 8 dadlar (halverade)

Örter och kryddor
- 1 tsk torkad rosmarin (eller 1 msk färsk, hackad)
- 1 tsk torkad timjan (eller 1 msk färsk, hackad)
- ½ tsk torkad salvia (eller 1 tsk färsk, hackad)
- 1 krm svartpeppar

Topping och dressing
- 1 dl hackade valnötter eller mandlar
- 3 msk olivolja
- 1 msk citronsaft
- 1 tsk honung eller lönnsirap

Tillagning och ritual

Förbered köket som en helig plats. Tänd ett ljus och rökelse (salvia eller lavendel). Andas djupt och sätt en intention för måltiden:
"*Denna måltid bringar harmoni, styrka och inre frid till oss alla.*"

Tillaga quinoa eller ris
- Koka quinoa/vildris i vattnet med en nypa havssalt på låg värme i ca 15 minuter.
- Täck över och låt stå i 5 minuter för att absorbera energin.

Förbered proteinet
- Skölj kikärtor eller linser och fräs dem lätt i en panna med olivolja, timjan och en nypa havssalt i 5 minuter.

Förbered grönsaker och frukt

- Massera grönkålen lätt med några droppar olivolja för att göra den mjukare.
- Blanda med babyspenaten i en stor skål.
- Strö över granatäpplekärnor och halverade fikon/dadlar.

Gör dressingen

- Vispa ihop olivolja, citronsaft, honung och rosmarin.
- Montera rätten
- Lägg quinoa/vildris och kikärtor på tallrikar eller i en stor serveringsskål.
- Toppa med grönsaker, frukt och hackade nötter.
- Ringla dressingen över och strö över svartpeppar.

Ceremoniell Servering och välsignelse

- Placera skålen i mitten av bordet.
- Håll händerna över maten och visualisera harmoni och lugn som fyller rummet.
- Säg eller tänk en välsignelse tillsammans:
- *"Må denna måltid ge oss balans, näring och inre ljus."*
- Ät långsamt, njut av smakerna och känn energin från maten.

Denna rätt passar utmärkt för en ceremoniell middag där intentionen är harmoni, balans och skydd.

RENANDE GRÖN ELIXIR OCH BLOMSTERMAGISKA SMÅRÄTTER

En närande och uppfriskande dryck som renar kroppen och laddar med livskraft.

Ingredienser (*4 små glas eller skålar*)
- 1 gurka (*skalad och hackad*)
- 2 dl färsk babyspenat
- ½ lime (*saften*)
- 2 dl kokosvatten eller kallt filtrerat vatten
- ½ tsk riven ingefära (*för cirkulation och eld*)
- 1 msk färsk mynta (*för lugn och rening*)
- 1 tsk honung eller lönnsirap (*för mild sötma*)
- Isbitar (*valfritt*)

Tillagning och Ritual
Förbered med intention – Håll en kort tyst stund innan du börjar mixa ingredienserna, och tänk på hur drycken ska ge rening och klarhet. Mixa alla ingredienser tills drycken är slät. Häll upp i små glas eller skålar och garnera med en myntakvist. Före första klunken, håll glaset och säg (*eller tänk*): "*Med denna dryck renar jag min kropp, mitt sinne och min själ.*"

Blomstermagiska Smårätter
(*Bröd med Blommor och Färskost*)
Små, vackra smörgåsar som symboliserar skönhet, magi och inre frid.

Ingredienser (*8 bitar, 2 per person 4 personer*)
- 4 skivor surdegsbröd eller valnötsbröd
- 100 g färskost (*till exempel. getost eller cashewkräm*)
- 1 tsk honung
- 1 msk hackade valnötter eller mandlar
- Ätbara blommor (*violer, lavendel, ringblommor eller rosenblad*)
- En nypa flingsalt

Tillagning och ritual

- Förbered brödet – Skär skivorna i halvor (*eller använd små rundlar*).
- Blanda färskost med honung och bre på bröden.
- Strö över nötter och ätbara blommor, låt dem landa mjukt som en välsignelse.
- Avsluta med en nypa flingsalt för balans.
- Håll tallriken i händerna och tänk (*eller säg högt*): "*Jag tar in skönhet, balans och magi i varje tugga.*"

Servering och ceremoni

- Servera elixiren i små glas eller skålar vid sidan av smårätterna.
- Låt varje person ta en lugn stund innan första tuggan.
- Om ni är flera, kan ni hålla händerna över maten tillsammans och dela en kort välsignelse.

Denna förrätt ger en lätt men kraftfull start på en ceremoniell måltid.

MIDNATTSMÅLTID
CEREMONIELL RÄTT

En magisk och närande måltid för en nattlig ceremoni, inspirerad av mörkret, stillheten och den mystiska energin vid midnatt. Den här rätten balanserar milda och djupa smaker och ger kraft och inre frid

Huvudrätt (*4 portioner*)
Mörk månrisotto med svarta bönor och kastanjer
En sammetslen risotto med fylliga smaker av svarta bönor, kastanjer och svamp, perfekt för en ceremoni i mörkrets lugn.

Ingredienser
- 2 dl arborioris eller svart ris
- 1 liter grönsaksbuljong
- 1 msk olivolja
- 1 gul lök (*finhackad*)
- 2 vitlöksklyftor (*finhackade*)
- 200 g kastanjer (*kokta och hackade*)
- 2 dl svarta bönor (*kokta eller från burk*)
- 100 g skogschampinjoner eller shiitake (*skivade*)
- 1 tsk färsk rosmarin
- ½ tsk svartpeppar
- 1 dl riven parmesan eller vegan ost
- 1 msk citronsaft

Tillagning och ritual
Förbered dig i stillhet, tänd ett ljus, rökelse eller håll en kort meditation för att hedra nattens energi. Fräs lök och vitlök i olivolja på låg värme tills de blir mjuka. Tillsätt riset och låt det suga upp smakerna.

Häll på lite buljong i taget, rör långsamt och meditativt i ca 20 minuter. Lägg i kastanjer, svarta bönor, svamp och rosmarin.

Fortsätt röra och tillsätt mer buljong vid behov. När riset är krämigt och klart, rör ner parmesan och citronsaft. Smaka av med svartpeppar. Servera i mörka skålar och ät i tystnad eller med mjuk musik.

.

Tillbehör

Nattens bröd med mystiska örter, ett mjukt bröd kryddat med lavendel och svart sesam, perfekt att doppa i risotton.

- **Ingredienser** *(4 portioner)*
- 3 dl vetemjöl
- 1 dl grahamsmjöl
- 1 tsk bakpulver
- ½ tsk havssalt
- 1 tsk torkad lavendel
- 1 msk svarta sesamfrön
- 1,5 dl havremjölk
- 2 msk olivolja

Tillagning

- Blanda alla torra ingredienser i en skål.
- Tillsätt havremjölk och olivolja, knåda till en mjuk deg.
- Forma små bröd och baka i ugnen på 180°C i 15 minuter.
- Servera varma med ett litet fat olivolja att doppa i.

Dryck

Midnattste för klarsyn och lugna drömmar
En mild och mystisk teblandning som öppnar sinnet och ger en lugnande avslutning på måltiden.

Ingredienser *(4 portioner)*
- 1 tsk kamomill
- 1 tsk citronmeliss
- ½ tsk lakritsrot
- 3 rosenblad
- ½ tsk vallmofrön *(valfritt)*

Tillagning

Lägg örterna i en tekanna och häll över hett vatten. Låt dra i 5–7 minuter, sila och servera i mörka koppar. Drick långsamt och reflektera över nattens visdom.

Ceremoniell servering och ritual

Servera maten på mörka eller silverglänsande tallrikar.
Dämpa belysningen och använd levande ljus. Innan ni äter, håll händerna över maten och säg: *"Vid midnattens stillhet fylls vi av styrka, klarhet och inre frid."* Ät långsamt och medvetet, låt varje tugga bli en del av ritualen. Denna måltid är perfekt för en midnattsceremoni, en lugn samling med vänner eller en ensam ritual i tystnad.

RITUALGODIS
FÖR CEREMONIER

Här är några ceremoniella och symboliska godisalternativ, perfekta för ritualer, ceremonier eller högtider där du vill bjuda in sötma, glädje och magi.

Månskenspraliner (*Choklad och lavendeltryfflar*)
Symbolik: Lugn, drömarbete och inre visdom.

Ingredienser (*ca 10 tryfflar*)
- 100 g mörk choklad (*70 % eller mer*)
- 0,5 dl kokosmjölk eller havregrädde
- 1 tsk torkad lavendel
- 1 msk honung eller lönnsirap
- 1 tsk kokosolja
- 1 nypa havssalt
- Kakao, vallmofrön eller ätbart silverpulver att rulla i

Tillagning och ritual
Smält chokladen försiktigt tillsammans med kokosmjölken.
Rör ner lavendel, honung, kokosolja och en nypa havssalt.
Låt svalna något, forma små tryfflar och rulla i kakao eller vallmofrön. Låt stelna i kylen minst 1 timme.
Ät en i tystnad och säg: "*Som månen lyser i natten, lyser klarheten inom mig.*"

Rosenhjärtan (*Rosa mandel och kokosbollar*)
Symbolik: Kärlek, självkärlek och öppnande av hjärtchakrat.

Ingredienser (*ca 12 bollar*)
- 1 dl mandelmjöl
- 1 dl riven kokos
- 1 msk kokosolja
- 1 msk rosenvatten
- 1 tsk lönnsirap eller agavesirap
- 1 nypa kanel
- Rödbetspulver eller torkade rosenblad att rulla i

Tillagning och ritual

Mixa mandelmjöl, kokos, kokosolja, rosenvatten och lönnsirap till en smidig smet. Forma små hjärtan eller bollar. Rulla i rödbetspulver eller krossade rosenblad för en magisk touch. Ät med intentionen: *"Jag fyller mig själv med kärlek och delar den med världen."*

Stjärndammskarameller (*Honung och citrondrops*)
Symbolik: Klarhet, kommunikation och energi.

Ingredienser (*ca 15 karameller*)
- 1 dl honung
- 1 tsk citronsaft
- 1 krm ingefärspulver
- Ätbart guldpulver eller florsocker för dekoration

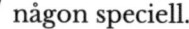

Tillagning och ritual

Koka upp honung och citronsaft på låg värme tills den blir gyllene och tjock (*ca 5 min*). Droppa små karameller på ett bakplåtspapper.
Strö över ätbart guldpulver eller florsocker. Låt stelna och sug på dem medan du säger: *"Som stjärnorna på himlen lyser min inre klarhet."*

Dessa ritualgodisar är perfekta för ceremonier, meditationer eller som en gåva till någon speciell.

EXTRA MATERIAL
AURAN

Auran - Energifältet som omger oss. Din Energetiska Signatur.

Auran är ett subtilt energifält som omger kroppen och speglar vårt fysiska, emotionella och andliga tillstånd. Den fungerar som en skyddande sköld och ett energiflöde som kan påverkas av våra känslor, tankar och omgivning. Auran sträcker sig flera decimeter utanför kroppen och består av olika lager, var och en kopplad till olika aspekter av vårt väsen.

Auralager och deras betydelse:

1. Det eteriska lagret – närmast kroppen, kopplat till fysisk hälsa och vitalitet.
2. Det emotionella lagret – reflekterar våra känslor och emotionella tillstånd.
3. Det mentala lagret – påverkas av våra tankemönster och intellekt.
4. Det astrala lagret – förknippat med själens utveckling och andliga upplevelser.
5. Det spirituella lagret – kopplar oss till universell energi och högre medvetande.

CHAKRAN

Chakrasystemet – Energicentra i kroppen.
Chakran är energicentra i kroppen som styr vårt välmående och vår andliga utveckling. De sju huvudchakrana löper längs ryggraden från basen till hjässan och var och en har sin egen färg, vibration och funktion.

De sju huvudchakrana:

- Rotchakrat (Muladhara) – Basen av ryggraden – Jordelementet – Stabilitet, trygghet och grundning – Färg: Röd.
- Sakralchakrat (Svadhisthana) – Nedanför naveln – Vattenelementet – Kreativitet, känslor och njutning – Färg: Orange.
- Solarplexuschakrat (Manipura) – Magområdet – Eldelet – Viljestyrka, självförtroende och personlig kraft – Färg: Gul.
- Hjärtchakrat (Anahata) – Mitten av bröstet – Luftelementet – Kärlek, medkänsla och relationer – Färg: Grön.
- Halschakrat (Vishuddha) – Halsen – Eterelementet – Kommunikation och självuttryck – Färg: Blå.
- Tredje ögat-chakrat (Ajna) – Pannan – Intuition och andlig insikt – Färg: Indigo.
- Kronchakrat (Sahasrara) – Hjässan – Koppling till universell energi och högre medvetande – Färg: Violett eller vitt.

BALANSERA
AURAN & CHAKRAN

När våra chakran är i balans, flödar energin fritt, och vi känner oss harmoniska och starka. Blockerade chakran kan orsaka fysiska och emotionella problem. Här är några metoder för att stärka och balansera dina chakran och rena auran:

- Meditation och visualisering: Föreställ dig varje chakras färg och låt den lysa starkt.
- Kristaller och stenar: Använd stenar kopplade till varje chakra, till exempel rosenkvarts för hjärtchakrat eller ametist för kronchakrat.
- Aromaterapi och eteriska oljor: Lavendel för avslappning, pepparmynta för klarhet och sandelträ för andlig styrka.

- Ljud och mantran: Varje chakra har ett specifikt ljud eller mantra, såsom "LAM" för rotchakrat och "OM" för kronchakrat.
- Yoga och rörelse: Yogaövningar kopplade till varje chakra kan hjälpa till att öppna och balansera energiflödet.
- Energiarbete och healing: Reiki, qigong och andra energiterapier kan lösa upp blockeringar och stärka auran.

Genom att arbeta med auran och chakrana kan vi skapa balans i kropp, själ och sinne, vilket leder till ökad energi, klarhet och inre frid. Att förstå och vårda sitt energisystem är en del av den magiska resan mot andlig utveckling och självinsikt.

RITUALER FRÅN
HÄXORNAS ARV

Ritual för skuggornas viskningar
Ingredienser:
- En svart fjäder
- Spindelväv från ett mörkt hörn
- En skål med regnvatten
- En fladdermusfigur (*eller en teckning av en fladdermus*)
- Ett svart ljus

Utförande:
Tänd det svarta ljuset och håll fjädern över lågan medan du viskar din fråga till skuggorna. Doppa fjädern i regnvattnet och låt dropparna falla på spindelväven. Blås sedan ut ljuset och lyssna noga – svaret kan komma i en dröm eller en oväntad händelse.

Ritual för nattens beskydd
Ingredienser:
- Ett torkat grodben
- Två gråsuggor
- En sten funnen vid midnatt
- En tygpåse av mörk sammet

Utförande:
Placera grodbenet och gråsuggorna i påsen, håll stenen i handen och viska: *"Mörkrets skuggor, natten bred, beskydda mig från falskt och svek."* Bär påsen med dig eller placera den vid din säng för att skyddas från onda energier.

Ritual för att kalla visdom från nattens varelser
Ingredienser:
- Tre fjädrar från en kråka (*eller tre svarta fjädrar*)
- En silhuett av en fladdermus, ritad på pergament
- Ett ljus av bivax

Utförande:
Tänd ljuset och håll fjädrarna i händerna. Lägg pergamentet framför dig och blunda medan du säger: *"Nattens väsen, kom till mig, med visdom, styrka och magi."*
Bränn pergamentet i ljuslågan och begrav askan under ett träd för att låta nattens hemligheter vägleda dig.

Fruktbarhetsritual för en rik skörd

Denna ritual utförs vid nymåne eller vårdagjämningen för att välsigna jorden och säkerställa en fruktbar skörd.

Du behöver:
- En skål med regnvatten
- En handfull jord från odlingsplatsen
- Tre sädeskorn eller frön
- En gren av rosmarin
- En grön ljuslykta

Utförande:
Gå ut till odlingsplatsen eller en plats där du vill att skörden ska frodas. Häll regnvattnet i jorden och säg: *"Moder Jord, välsigna denna plats, låt grödorna gro och ge oss rikedom."* Strö sädeskornen i jorden och placera rosmaringrenen ovanpå. Tänd den gröna lyktan och håll händerna över jorden medan du viskar: *"Växa, frodas, ge din gåva, sol och regn, låt fälten blomma."* Låt ljuset brinna i minst en timme, och begrav sedan rosmaringrenen i jorden.

Denna ritual är en gammal hednisk tradition som anses stärka naturens kraft och ge en rik skörd.

Kärleksbandets ritual för evig lycka

Denna ritual utförs under nymåne eller vid gryningen för att stärka kärleken och harmonin mellan makarna.

Du behöver:
- Två röda ljus
- En vit tråd eller snöre
- En skål med rosblad
- En liten bit honung

Utförande:
Tänd de två röda ljusen och placera dem intill varandra.
Ta den vita tråden och knyt tre lösa knutar medan du säger:
"Tre knutar binder våra hjärtan, tre löften som aldrig bryts."
Strö rosbladen i skålen och doppa fingrarna i honungen, och säg:
"Sötma i ord, värme i hand, kärlekens eld brinner i vårt band."

Låt ljusen brinna ner tillsammans, och begrav sedan tråden under ett fruktträd för att symbolisera växande kärlek.

Fruktbarhetsritual för att kalla på livets kraft

Denna ritual utförs vid nymåne eller vid gryningen för att stärka fertilitet och öppna vägen för nytt liv.

Du behöver:
- En skål med käll- eller regnvatten
- Tre frön av valfri växt
- En röd ros
- En grön ljuslykta
- En bit kanel

Utförande:
Placera skålen med vatten framför dig och håll händerna över den medan du viskar: *"Moder Jord, ge mig din kraft, Låt livets flöde väckas i mig."* Lägg fröna i skålen och visualisera hur de växer sig starka, precis som livet du vill skapa. Krossa rosbladen lätt och strö dem över vattnet, medan du säger: *"Med kärlek och liv fylls jag nu, som naturen skapar, skapar också jag."* Tänd den gröna ljuslyktan och rör vattnet tre gånger med biten av kanel för att väcka passion och styrka.

Sitt i stillhet och ta emot energin, och om möjligt, plantera fröna senare i jorden som en symbol för den nya början. Denna ritual kan upprepas under flera månfaser för att stärka intentionen och skapa en djupare koppling till livets skapande kraft.

Nyckelritual för att attrahera ett nytt hem

Denna ritual utförs vid nymåne eller gryning för att öppna dörrar till ett nytt boende och skapa en harmonisk övergång.

Du behöver:
- En nyckel (*kan vara gammal eller symbolisk*)
- En liten skål med salt
- Ett grönt ljus
- Ett lagerblad
- En bit snöre eller band i guld eller grönt

Utförande:
Sätt dig i en lugn och stillsam plats och tänd det gröna ljuset.
Håll nyckeln i dina händer och visualisera ditt framtida hem – hur det ser ut, hur det känns att vara där, och energin det har.
Strö lite salt över nyckeln och säg: " Jag renar denna nyckel och öppnar vägen till mitt nya hem."

Skriv ordet *"Hem"* på lagerbladet och knyt fast det vid nyckeln med snöret.
Håll nyckeln nära hjärtat och säg: *"Dörrar öppnas, vägar leder,*
mitt hem väntar, jag är redo."

Placera nyckeln under din kudde i sju nätter och bär den sedan med dig tills du
hittar ditt nya hem.

SKAPA MAGI-RITUAL LJUS

Att skapa egna rituelljus är ett heligt och kraftfullt hantverk. När du tillverkar dem själv, väver du in din intention och din energi redan från första stund. Här får du en enkel guide till hur du gör dina egna ljus från grunden – i avlånga glashållare.

Det här behöver du:
- Blockparaffin eller ljusmassa (*alternativt gamla ljusstumpar du smälter ner*)
- Ljusfärg (*flytande eller pulveriserad, valfri färg efter syfte*)
- Ljusdofter eller eteriska oljor (*valfritt*)
- Vekar (*anpassade till glashållare*)
- Glasspinne eller träpinne för att hålla veken på plats
- Avlånga glashållare (*finns att köpa, men burkar eller återbruk går också bra*)
- Eventuellt dekorationer: kristaller, örter, symboler, bilder

Steg för steg:
1. Smält ljusmassan
Smält paraffin eller återvunna ljusstumpar försiktigt i en kastrull på låg värme. Använd gärna ett vattenbad för jämnare temperatur.
2. Tillsätt färg och doft.

När massan är helt smält, tillsätt ljusfärg i små mängder tills du får rätt nyans. Tänk på att färgen bär energi:
- Röd – passion, styrka
- Rosa – kärlek, självkänsla
- Grön – överflöd, healing
- Svart – skydd, transformation
- Blå – lugn, kommunikation

Vill du ha doft, droppa i några eteriska oljor (*t.ex. lavendel, patchouli, ros*).
3. Förbered glashållaren
Knyt veken runt en pinne och lägg den horisontellt över öppningen så veken hänger rakt ner i mitten. Du kan fästa vekens nedre del med lite stearin i botten innan du häller i massan.
4. Häll stearinet försiktigt
Häll den smälta ljusmassan i glashållaren. Håll veken rak. Låt ljuset svalna långsamt och stelna helt – detta kan ta upp till 24 timmar.
Ladda ditt ljus med magisk intention

När ljuset stelnat är det dags att väcka dess kraft.

Gör så här:

Placera ljuset på ditt altare eller en stilla plats.

Andas djupt och fokusera på syftet med ljuset (*ex: skydd, kärlek, insikt*).

Åkalla de fyra elementen:

- Jord – stå stadigt, stabilitet
- Eld – din passion, din gnista
- Luft – dina tankar och ord
- Vatten – ditt hjärta och din intuition

Säg (*eller tänk*) din intention högt:

"Detta ljus bär kraften av beskydd/kärlek/överflöd. Må dess låga lysa min väg."

Gör det personligt

Du kan dekorera ljuset ytterligare:

Skriv med vattenfast penna på glaset vad ljuset står för. Klistra fast en symbol, sigill eller bild. Lägg några örter eller kristaller runt ljuset vid användning.

Användning

Tänd ditt ljus vid ritualer, meditation eller när du behöver stärka dess intention. Låt lågan påminna dig om din inre kraft och om att du är medskapare i din egen verklighet.

FLORIDA VATTEN

"Florida Vatten" används ibland som ett begrepp för olika typer av doftvatten eller spirituella rengöringsvätskor, särskilt inom spirituella traditioner från Karibien och Latinamerika. Det används ofta för att rena energier, för meditation, i ritualer, och för att fräscha upp utrymmen.

Traditionellt recept på hemmagjord Florida Vatten för rening:

Ingredienser:
- 100 ml vodka eller annan klar, doftfri sprit (*minst 40%*)
- 10 droppar eterisk olja av lavendel
- 10 droppar eterisk olja av apelsin
- 5 droppar eterisk olja av kanel
- 5 droppar eterisk olja av bergamott
- 5 droppar eterisk olja av citron
- 5 droppar eterisk olja av rosmarin

(*valfritt*) några torkade örter eller blomblad: lavendel, rosenblad, apelsinskal
(*valfritt*) en liten kristall eller kvartssten för extra "energi"

Instruktioner:
1. Häll spriten i en glasflaska med lock (*gärna mörkt glas*).
2. Tillsätt eteriska oljor och eventuella torkade örter.
3. Skaka flaskan väl.
4. Låt stå i minst 2 veckor på en sval, mörk plats. Skaka flaskan varje dag.
5. Efter 2 veckor: sila bort örter om du använt några, och häll över i en sprayflaska eller vacker flaska för användning.

Användning:
- Spraya i rum för att rensa energier.
- Doppa lite på handlederna eller bakom öronen före meditation.
- Använd på altare eller heliga föremål för rening.
- Torka av dörrhandtag eller speglar för att "energirensa".

SKAPA SHAMAN SKALLRA

Att skapa en shamansk skallra av oxhud är ett vackert och heligt hantverk. Den används ofta i ceremonier, trumresor och energiarbete. Här är en enkel och traditionell metod för att skapa en egen skallra – med respekt för materialen och den andliga processen.

Hur du skapar en Shamansk Skallra av Oxhud
Material:
- Råhud (*helst oxhud*) från hundben som du kan köpa i de vanligaste affärer, finns vid djurhyllan. Ej oxhud med knut på ändarna.
- Vatten (*för blötläggning*)
- Tygboll, plastpåse, fårull etc för att forma skallran.
- Träpinne (*till handtag, t.ex. björk, hassel eller drivved*)
- Något att fylla skallran med: torkade bönor, majs, kristallgrus, ris, små stenar, örter
- Natursnöre eller stark tråd
- Sax och syl (*eller håltång*)
- Eventuellt lim (*naturligt eller trälim*)
- Olja eller bivax för trähandtaget
- (valfritt) Färg, symboler, fjädrar, skinn eller pärlor för dekoration

Steg för steg:
1. Förbered råhuden
- Blötlägg oxhuden i vatten i minst 6–12 timmar tills den blir mjuk och böjlig.
- När den är mjuk, rita och klipp ut två cirkel- eller ovalformade delar, ungefär dubbla storleken du vill att skallran ska bli (*den krymper när den torkar*).
- Gör hål längs kanten med syl eller håltång – jämnt fördelade, ca 1–2 cm från kanten.
2. Sy ihop kroppen
- Lägg de två huddelarna mot varandra (*rätt sida ut*).
- Börja sy ihop dem med snöre/tråd genom hålen, men lämna en öppning.
- Stoppa en tygboll, plastpåse eller liknande inuti formen för att skapa volym (*den tas ut senare*).
- Sy ihop sista biten.
3. Torka formen
- Häng eller placera den på ett varmt och luftigt ställe (*inte direkt i solen*).
- Låt torka i ca 2–4 dagar tills den är helt hård.
- När den är torr, skär ett litet snitt och ta ut "formen" inuti.
4. Fyll skallran
- Fyll den med det du valt: ex. majs, kristallgrus, småsten, örter för syfte (*salvia, lavendel, enbär m.m.*).
- Fyll inte för mycket – ljudet blir bäst när det finns rörelseutrymme.
Limma eller sy igen hålet försiktigt.

5. Fäst handtaget

- Skär ett hål i botten där träpinnen ska gå in.
- Sätt in pinnen, limma och bind ordentligt med snöre eller läderrem.
- Olja in träet med naturlig olja eller bivax för hållbarhet.

6. Dekorera (*valfritt men kraftfullt*)

- Måla symboler (*t.ex. runor, kraftdjur, spiraler*).
- Bind fast fjädrar, pärlor eller kristaller.
- Du kan inviga skallran i ceremoni genom att smudga den med salvia och kalla in dina andliga hjälpare.

Syfte och användning

- Använd skallran i ceremoni, healing, meditation, resor.
- Ljudet sägs "rensa fältet" och kalla in andarna.
- Låt skallran representera ett kraftdjur, ett element, eller ett av dina egna syften.

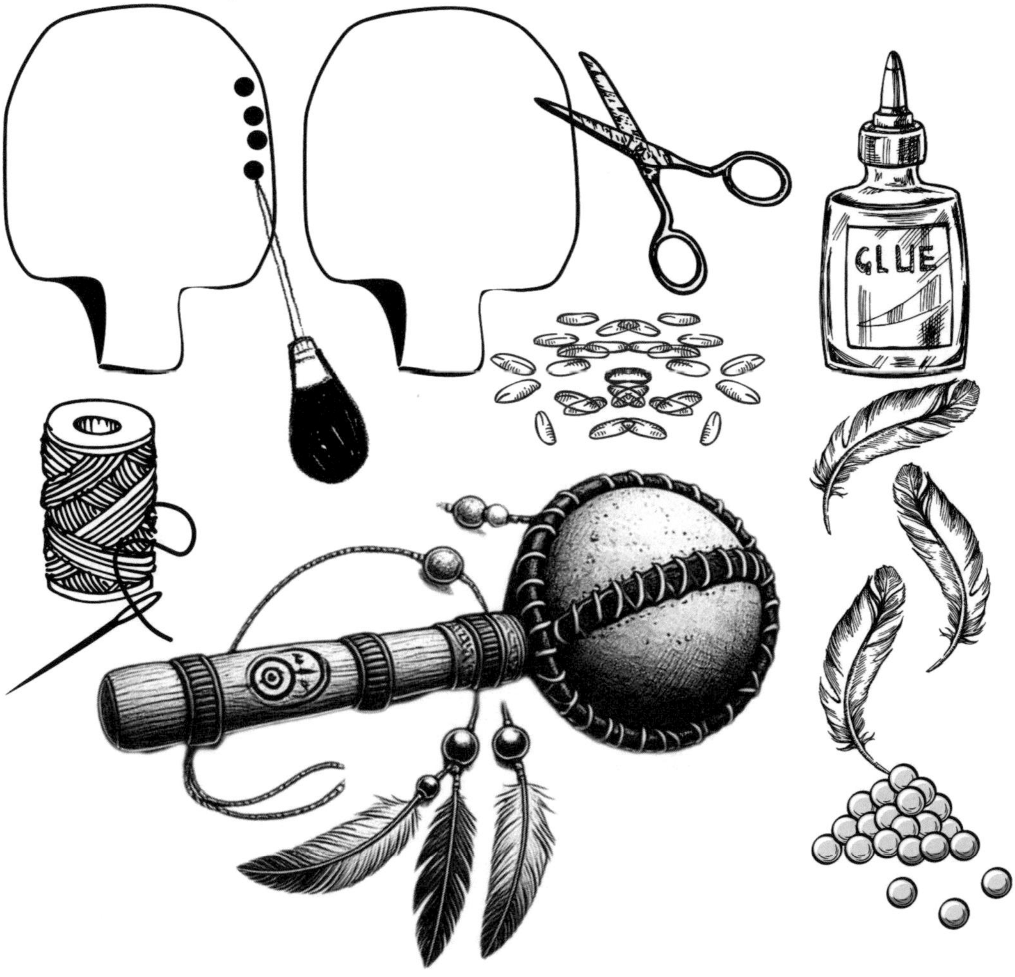

COVEN
HELIGA CIRKELN

Vad är en coven för häxor?

En coven är en sammanslutning av häxor som samlas för att utöva magi, utföra ritualer och dela kunskap. En hemlig coven är en grupp som arbetar i skuggorna, dolda från samhället, ofta för att skydda sina medlemmar från förföljelse eller yttre påverkan. Genom historien har många häxgrupper hållit sina möten i djupa skogar, grottor eller andra avskilda platser för att bevara sina ritualer och traditioner.

I en coven finns ofta en översteprästinna eller överstepräst, som leder ceremonierna. Gruppen samlas vid specifika tidpunkter, ofta vid sabbater (*som Samhain och Beltane*) eller vid fullmåne för att hedra naturens cykler och arbeta med magi. Coven-medlemmarna kan ha olika roller, såsom väktare av elementen (jord, luft, eld, vatten), ritualmästare eller siare. De delar kunskap om örter, spådom, besvärjelser och andlig vägledning.

Varför måste häxor hålla en cirkel helig under ceremonier?

En magisk cirkel är en av de viktigaste delarna av en häxritual. Den skapar en avgränsad, helig plats där energier kan samlas, förstärkas och skyddas från yttre påverkan. Här är några skäl till att cirkeln är så viktig:

1. Skydd mot negativa energier – Cirkeln fungerar som en barriär som håller onda eller oönskade energier ute, så att häxorna kan arbeta ostört.
2. Kanaliserar och förstärker energi – När en grupp häxor samlas i en cirkel och fokuserar sin intention, blir energin starkare och riktas dit den behövs.
3. Förbindelse mellan världarna – Cirkeln fungerar som en bro mellan den fysiska världen och andevärlden, vilket gör det lättare att kommunicera med andar, gudar eller andra energier.
4. Respekt för ritualen och dess syfte – Att hålla cirkeln helig visar vördnad för naturens krafter och de andar eller gudomliga krafter som häxorna arbetar med.

Cirkeln kan ritas upp fysiskt med salt, kristaller eller rep, eller så kan den skapas genom visualisering och besvärjelser. Ofta ropar häxorna in elementen och gudar eller gudinnor innan ritualen börjar.

BLÅKULLA OCH DJÄVULEN

Besöker häxor djävulen på påsken?

Idén om att häxor besöker djävulen på påsken kommer från gamla kristna myter och häxprocesserna på medeltiden. Kyrkan spred föreställningen att häxor flög på kvastar till Blåkulla (*eller motsvarande platser i andra länder*) där de festade med djävulen under skärtorsdagen och påskhelgen.

Men detta är en missuppfattning baserad på rädsla och propaganda. Inom traditionell häxkonst dyrkas inte djävulen – häxors andlighet är ofta mer kopplad till naturens krafter, gamla gudomar och universella energier.

Blåkulla-myten kan ha sitt ursprung i gamla hedniska fester där folk samlades för att fira vårens återkomst, tända eldar och utföra fruktbarhetsritualer. När kristendomen spred sig, demoniserades dessa sammankomster och förvandlades till skräckhistorier om sabbater där häxor påstås ha kysst djävulen och festat vilt.

I modern häxkonst är påsken ofta en tid för att hedra naturens pånyttfödelse, plantera frön (*både fysiska och andliga*) och arbeta med förnyelse och transformation.

HEDRA DINA HÄXSYSTRAR

Ett minne av dem som miste livet vid häxjakterna
Under historiens gång har många kvinnor (och män) blivit anklagade för häxeri och mött grymma öden. Häxprocesserna pågick i olika delar av världen, där rädslan för det okända och förföljelsen av oliktänkande ledde till tragedier. Idag kan vi hedra dessa själar genom att minnas deras styrka, mod och visdom.
Ritual för att hedra de fallna häxsystrarna

- Skapa en helig plats – Tänd ljus, placera kristaller eller blommor och gör ett altare till deras ära.
- Meditation och reflektion – Sitt i stillhet och tänk på de liv som gått förlorade. Låt deras styrka fylla dig.
- Tänd ett ljus – Tänd ett ljus och viska deras namn eller säg en tyst bön för dem.
- Läs en välsignelse: *"Till de kvinnor och män som orättvist dömdes, må era själar finna frid. Er visdom lever kvar, er kraft finns i oss. Vi hedrar er genom att leva i frihet och magi. Så må det vara."*
- Bär deras minne vidare – Lär dig mer om häxjakterna, sprid kunskap och stärk det andliga systerskapet genom att stötta andra i deras växande resa som häxor.

Häxsystrarnas visdom lever vidare genom att minnas och hedra de kvinnor och män som föll offer för häxjakterna, kan vi återta den kraft och kunskap som en gång försökte utrotas. Vi kan föra deras arv vidare genom att praktisera våra ritualer, dela med oss av vår kunskap och stå enade i vår andlighet. Häxkonsten är en väg av styrka, kärlek och insikt, och genom att hedra våra förfäder och förmödrar kan vi låta deras ljus fortsätta att brinna i oss.

ALMANACKA

JANUARI 20__

Måndag	Tisdag	Onsdag	Torsdag	Fredag	Lördag	Söndag

Att göra-lista	Anteckningar

ALMANACKA

IMBOLC – 1–2 FEBRUARI

FEBRURI 20__

Måndag	Tisdag	Onsdag	Torsdag	Fredag	Lördag	Söndag

Att göra-lista	Anteckningar

ALMANACKA

OSTARA – 20–23 MARS

MARS   20__

Måndag	Tisdag	Onsdag	Torsdag	Fredag	Lördag	Söndag

Att göra-lista

Anteckningar

ALMANACKA

BELTANE – 30 APRIL TILL 1 MAJ

APRIL   20__

Måndag	Tisdag	Onsdag	Torsdag	Fredag	Lördag	Söndag

Att göra-lista	Anteckningar

ALMANACKA

MAJ   20__

Måndag	Tisdag	Onsdag	Torsdag	Fredag	Lördag	Söndag

Att göra-lista	Anteckningar

ALMANACKA

LITHA – 20–22 JUNI (SOMMARSOLSTÅND)

JUNI   20__

Måndag	Tisdag	Onsdag	Torsdag	Fredag	Lördag	Söndag

Att göra-lista	Anteckningar

ALMANACKA

JULI   20__

Måndag	Tisdag	Onsdag	Torsdag	Fredag	Lördag	Söndag

Att göra-lista	Anteckningar

ALMANACKA

LAMMAS / LUGHNASADH – I AUGUSTI

AUGUSTI   20__

Måndag	Tisdag	Onsdag	Torsdag	Fredag	Lördag	Söndag

Att göra-lista	Anteckningar

ALMANACKA

MABON – 20–23 SEPTEMBER (HÖSTDAGJÄMNING)

SEPTEMBER   20__

Måndag	Tisdag	Onsdag	Torsdag	Fredag	Lördag	Söndag

Att göra-lista	Anteckningar

ALMANACKA

SAMHAIN – 31 OKTOBER TILL 1 NOVEMBER

OKTOBER   20__

Måndag	Tisdag	Onsdag	Torsdag	Fredag	Lördag	Söndag

Att göra-lista	Anteckningar

ALMANACKA

NOVEMBER   20__

Måndag	Tisdag	Onsdag	Torsdag	Fredag	Lördag	Söndag

Att göra-lista	Anteckningar

ALMANACKA

YULE – 20–23 DECEMBER (VÍNTERSOLSTÅND)

DECEMBER   20__

Måndag	Tisdag	Onsdag	Torsdag	Fredag	Lördag	Söndag

Att göra-lista	Anteckningar

Från djupet av mitt hjärta vill jag tacka dig för att du har tagit del av Häxans kunskap. Genom dessa sidor har du vandrat stigar av visdom, förtrollning och inre kraft – och jag hoppas att orden har tänt en gnista inom dig.

Magi är inte bara ritualer och formler, utan en levande del av vår vardag, en dans mellan naturens krafter och vår egen själ. Oavsett om du är i början av din resa eller redan vandrar din egen magiska väg, vill jag påminna dig om att du bär kraften inom dig – alltid.

Må dina intentioner vara klara, dina ritualer fyllda med mening och din själ omfamnad av ljus och mörker i perfekt balans.

Tack för att du har läst, utforskat och delat denna resa med mig.

Må magin alltid vara med dig!

Att skriva denna bok har varit en resa fylld av både utmaningar och insikter. Jag hade aldrig kunnat göra det utan stödet från mina barn och familj, som har funnits där genom varje steg. Er uppmuntran, tålamod och tro på mig har varit ovärderliga, och jag är evigt tacksam för att ha er vid min sida.
Ett särskilt tack vill jag rikta till min vän Åsa Vesterlund. Dina kloka ord, vår vänskap och alla de samtal vi delat har varit en ovärderlig källa till styrka och inspiration till denna bok. Du har hjälpt mig att sätta ord på tankar och känslor som jag annars kanske inte vågat uttrycka, och för det är jag djupt tacksam.

Denna bok är lika mycket er som min.
Tack från djupet av mitt hjärta!

Blessed Be

Karin Dahlqvist